Gerhard Schneemann

Die Freiheit und Unabhängigkeit der Kirche

Gerhard Schneemann

Die Freiheit und Unabhängigkeit der Kirche

ISBN/EAN: 9783743302693

Hergestellt in Europa, USA, Kanada, Australien, Japan

Cover: Foto ©Lupo / pixelio.de

Manufactured and distributed by brebook publishing software
(www.brebook.com)

Gerhard Schneemann

Die Freiheit und Unabhängigkeit der Kirche

Die

Freiheit und Unabhängigkeit

der Kirche.

Von

Gerhard Schneemann,
Priester der Gesellschaft Jesu.

Motto: Brüder, wir sind nicht Söhne
einer Dienstmagd, sondern einer
Freien. Galat. 4, 31.

———

Freiburg im Breisgau.
Herder'sche Verlagshandlung.
1867.

Buchdruckerei der Herder'schen Verlagshandlung in Freiburg.

Einleitung.

1. Die unermeßlichen Vollkommenheiten der göttlichen Wesenheit sind in der Wirklichkeit nicht von einander verschieden, sie machen vielmehr die höchste Einheit aus, die selbst durch den Unterschied der Personen nicht aufgehoben wird. Nun hat Gott zwar nach dem Bilde seiner Wesenheit die Welt erschaffen, diese ist jedoch nur ein schwacher Abglanz der göttlichen Güte, den ein unermeßlicher Abstand von seinem Ursprung trennt. Darum verhält es sich mit den Geschöpfen, wie mit Strahlen, die aus einem leuchtenden Punkte hervorbrechen, aber um so mehr ihre ursprüngliche Einheit verlieren, je weiter sie sich von ihrem Ausgangspunkte entfernen. Dennoch will Gott, der sich in gleichem Maße an allen seinen Vollkommenheiten erfreut, die Einheit außer sich verwirklichen. Das sehen wir in der ganzen Natur, besonders bei den vernünftigen Geschöpfen, die eben wegen ihrer höhern Natur auch mehr an der Einheit Theil nehmen konnten. Das Band aber, das sie gemäß der göttlichen Idee vereinigen sollte, ist vor Allem das der Gesellschaft. Da nun in den lebenden Wesen nichts sicherer, nichts weniger gewaltsam wirkt, als die Natur, so hat Gott, um jene Absicht ebenso sanft als wirksam zu erreichen, in der menschlichen Natur selbst die Gesellschaft begründet. Wir haben das schon in einem früheren (III.) Hefte zu zeigen versucht. Die häusliche Gesellschaft, die Familie, so wurde dort bewiesen, ist eine Folge der menschlichen Natur, rührt mithin vom Schöpfer der menschlichen Natur, von Gott, her; dasselbe gilt vom Staate.

Wir haben ferner im ersten Hefte gesehen, daß Gott, als Urheber der übernatürlichen Ordnung, noch eine dritte Gesellschaft, die Kirche, gegründet hat. Auch dieß ist ganz seiner Weisheit angemessen. Je vollkommener nämlich die Geschöpfe sind, desto mehr sind sie, wie schon bemerkt, geeignet, eine Einheit zu bilden. Da nun die übernatürliche

Ordnung unaussprechlich vollkommener ist, als die natürliche, so ließ sich schon von vornherein annehmen, Gott werde auch in ihr eine Einheit hervorrufen, die an Güte und Herrlichkeit die bloß natürlichen Gesellschaften weit übertreffe.

2. Drei menschliche Gesellschaften sind also von Gott gestiftet: Familie, Staat, Kirche. Wie sie von Gott herrühren, so haben sie auch von ihm, der Quelle alles Rechtes, nicht aber von den Menschen, ihr Recht empfangen. Daß nun der Staat unabhängig von der Kirche und selbstständig seine Gewalt und sein Recht besitzt, wird von Allen zugestanden; nur läugnet der Liberalismus den eigentlichen Grund dieser Selbstständigkeit, den göttlichen Ursprung des Staates, und setzt an die Stelle des göttlichen Rechtes die menschliche Willkür und Unbeständigkeit. Weit mehr hat dieses Schooskind der modernen Zeit sich an dem Rechte der Familie und der Kirche vergriffen, und dasselbe einfach zu Gunsten seines Staates confiscirt; dieser sollte dann jenen beiden Gesellschaften, ohne welche er nicht bestehen kann, aus seiner Machtfülle so viele Rechte herausgeben, als ihm beliebt.

Schon früher haben wir die Unabhängigkeit der ehelichen Rechte und der Familie diesem Systeme gegenüber vertheidigt; gegenwärtig wollen wir gegen die Tyrannei des Liberalismus die Freiheit der Kirche in Schutz nehmen, und hoffentlich wird Niemand es einem Sohne verargen, daß er für die Freiheit seiner Mutter gegen die mächtigen Feinde derselben in die Schranken tritt.

3. Wie in andern Paragraphen des Syllabus, so stellt der Papst auch in §. 5 den Fundamentalirrthum mit dem 19. Satze an die Spitze, daß nämlich die Kirche keine wahre, vollkommene, unabhängige Gesellschaft sei. Gleicherweise verwirft er als Quelle der in §. 6 bezeichneten Irrthümer in der 39. These die Behauptung: „Der Staat besitzt, als Ursprung und Quelle aller Rechte, ein schrankenloses Recht." Die Erörterung der beiden Paragraphen muß darum von verschiedenen Gesichtspunkten ausgehen, die des §. 5 vom Begriff der Kirche, die des §. 6 vom Begriff des Staates; nur so lassen sich auch die beiden Paragraphen, die fast über denselben Gegenstand handeln, auseinander halten.

Alles Recht der Kirche ruht zuletzt auf der Grundwahrheit unseres Glaubens, auf der Gottheit Christi: Wie sich der Liberalismus unserer Zeit zu ihr stellt und wie er zurückzuweisen ist, hat die II. Broschüre bereits dargethan. Es genügt hier, die aus jenem Hauptsatze der christlichen Lehre für unsern Gegenstand sich ergebenden Folgerungen zu ziehen:

Ist nämlich Christus wahrer Gott, so ist sein Wille unbedingtes Gesetz, vor dem sich beugen muß jegliche Creatur, das auch der Staat anerkennen soll. Ist Christus wahrer Gott, so ist sein Wille und nur sein Wille maßgebend für Einrichtung der Kirche, und alle, auch die scheinbar schönsten Ideen, die davon abweichen, sind nur Nebelgebilde, die vor der Sonne dieser Wahrheit zerfließen müssen. Ist Christus wahrer Gott, so ist sein Wille der Grund eines unverletzlichen, unzerstörbaren Rechtes, und die Angriffe der Gegner müssen zerschellen an dieser ehernen Mauer.

4. Das Fundament der hier zu widerlegenden Irrthümer über die Kirche ist, wie bemerkt, in dem 19. Satze des Syllabus enthalten:

„Die Kirche ist keine wahre, vollkommene, völlig freie Gesellschaft, noch besitzt sie eigene, beständige, von ihrem göttlichen Gründer ihr verliehene Rechte, sondern der Staatsgewalt steht es zu, zu bestimmen, welches die Rechte der Kirche und welches die Grenzen sind, innerhalb deren sie eben diese Rechte ausüben dürfe."

Ebenso heißt es in der Encyclica:

„Andere aber frischen die schlechten und so oft verdammten Lügen der Neuerer auf und wagen es mit merkwürdiger Unverschämtheit, die oberste Gewalt der Kirche und dieses apostolischen Stuhles, die sie von Christus dem Herrn empfangen, dem Gutdünken der staatlichen Gewalt zu unterwerfen und alle Rechte derselben Kirche und des hl. Stuhles bezüglich dessen zu bestreiten, was sich auf die äußere Ordnung bezieht."

Und nachdem dann einige dieser Lügen im Einzelnen aufgezählt worden, gibt der Papst als Quelle derselben den Grundsatz der Häretiker an:

„Die kirchliche Gewalt sei nicht durch göttliches Recht geschieden und unabhängig von der staatlichen Gewalt, noch lasse sich eine solche Geschiedenheit und Unabhängigkeit festhalten, ohne daß die Kirche sich wesentliche Rechte der Staatsgewalt widerrechtlich anmaße."

Diesen vielgliederigen Irrthum wollen wir nun Satz für Satz widerlegen.

I. Die Kirche ist eine wahre Gesellschaft.

5. In jeder wahren Gesellschaft muß sich der Begriff der Gesellschaft vollkommen verwirklicht finden. Dieser ist demnach vor Allem festzustellen. Was uns hierbei leiten wird, sprachen wir oben mit den Worten aus, Gott habe die Gesellschaft gewollt, um vernünftige Geschöpfe zu einer Einheit zu verbinden. Dürfen wir nun bei unserer Untersuchung von diesem Gedanken ausgehen, der die Einheit als nothwendiges Element der Gesellschaft auffaßt? Warum nicht? Jeder, welcher weiß, was Gesellschaft ist, stellt sich ja darunter irgendwelche, mehr oder minder innige Vereinigung von Menschen vor, es ist dieß unmittelbar einleuchtend. Wir

dürfen darum sogleich die weitere Frage stellen: Welches ist dieses einheitliche Band, das die Menschen zu einer Gesellschaft verknüpft?

Der Einzelne ist zu schwach, um seine vielen Bedürfnisse ohne die Hülfe Anderer befriedigen zu können, die Kraft des Einzelnen steht nicht im Verhältniß zu seinen himmelanstrebenden Wünschen. Was er aber für sich allein nicht vermag, das kann er im Verein mit Andern. Eintracht macht schwache Kräfte stark. Zudem ist in unserm Herzen etwas Unerklärliches, das uns immerfort zu unsern Brüdern zieht; es ist das die Zuneigung zu andern Menschen, die Natur hat dieselbe tief unserm Herzen eingepflanzt. So kommen denn leicht die Menschen zusammen, um sich in der Erreichung Eines Zweckes zu unterstützen. Bildet nun diese, durch gegenseitige Zuneigung noch verstärkte, wirksame Liebe zu einem Zwecke für sich allein schon jenes einheitliche Band, welches das Wesen der Gesellschaft ausmacht? Nein; es sei denn, man verstehe das fragliche Wort im weiteren Sinne, wie man im gewöhnlichen Leben eine Anzahl Leute, die zur gegenseitigen Unterhaltung zusammenkommen, eine Gesellschaft nennt. Dennoch machen sie keine wahre Einheit und mithin auch keine wahre Gesellschaft im strengen Sinne des Wortes aus.

6. Die Mitglieder jener Gesellschaft mögen sich nämlich alle in der besten Art und Weise vergnügen wollen, aber ihre Ansichten gehen oft sehr weit auseinander und es steht jedem frei, die Unterhaltung in einer Weise zu führen, die den Andern nicht behagt, und durch seine Laune einen Mißton in die Gesellschaft zu bringen, der die ganze Freude vergällt. Es mag darum immerhin freies Wohlgefallen an einem Zwecke mehrere bestimmen, dafür gemeinschaftlich thätig zu sein, das bindet aber durchaus nicht den Willen. Solches thut nur die Pflicht, nur sie vermag darum das Band um die Menschen zu schlingen, das sie zu einer Gesellschaft vereint. Das führt uns nun auf das sicherste Kennzeichen einer wahren Gesellschaft: die Autorität, ohne die bei nur etwas schwierigen Verhältnissen das Zusammenwirken zu Einem Ziel unmöglich, die Verpflichtung dazu aber vollends rein illusorisch wird. Die Mitglieder einer Gesellschaft sollen gemeinschaftlich zur Erreichung Eines Zweckes sich helfen, aber viele Wege führen zu Einem Ziele und über ihre Güte sind die Ansichten Vieler gewöhnlich verschieden. Um jedoch gemeinschaftlich zu handeln und durch ein gesellschaftliches Band wahrhaft mit einander verbunden zu sein, ist es nothwendig, Einen Weg für Alle auszuwählen und sie zu verpflichten, daß sie ihn einhalten. Wie soll das aber geschehen, wenn keine Autorität ihnen diesen Weg vorschreibt?

Noch mehr. Nichts ist wankelmüthiger, als der Mensch; gar bald weicht er von der Pflicht ab, die schwer auf ihm lastet. Die Autorität muß darum zur gemeinschaftlichen Thätigkeit ermuntern, antreiben, vor aller Ausschreitung abschrecken und strafen, wenn man dennoch vom vorgeschriebenen Wege abweicht. Nur so wird die Gesellschaft in dem pflichtmäßigen Streben nach dem Einen Ziele erhalten. Die Autorität ist mithin die Seele der Gesellschaft, ohne welche sie nicht bestehen kann.

7. Bevor wir das Gesagte auf die Kirche anwenden, müssen wir eine Einwendung dagegen beseitigen. Man theilt nämlich die Gesellschaften in nothwendige und freiwillige (willkürliche) ein und versteht unter letztern solche, deren Bildung und Existenz von der freien Willkür der Mitglieder abhängt. Wenn nun aber die Pflicht das Band der Gesellschaft ist, wie kann man dann noch von willkürlichen Gesellschaften sprechen? Völlige Freiheit wäre ja nach unserer Anschauung unverträglich mit dem Wesen der Gesellschaft. Allerdings; diese Freiheit besteht nicht für die Glieder der Gesellschaft, in wiefern und so lange sie Glieder derselben sind. In dieser Hinsicht ist ihre Freiheit durch die Pflicht gebunden, nach der ausbedungenen oder vorgeschriebenen Weise für den Zweck der Gesellschaft thätig zu sein, aber dabei kann der Eintritt in dieselbe und auch der Austritt aus derselben dem freien Willen anheimgestellt und mithin die Gesellschaft in dieser Beziehung eine willkürliche sein. Eine solche ist sicher eine Handelsgesellschaft und dennoch sind deren Mitglieder gehalten, nach dem Contracte oder den Statuten zu dem gemeinschaftlichen Unternehmen beizutragen. Weigerten sie sich dessen, so könnten sie von den Gerichten dazu gezwungen werden. Wo aber weder Gesetz noch Gewissen irgendwie die Freiheit binden, wo die Wirksamkeit für den Einen Zweck gänzlich der Willkür der Einzelnen überlassen ist, da fehlt das einheitliche Band und mithin das Wesen der Gesellschaft. Zufälliges Uebereinstimmen begründet keine wahre Einheit. Wie der mächtigen Eiche, die weithin ihre starken Aeste ausbreitet, Ein Lebensprincip wesentlich ist, das ihre Theile zusammenhält, jedem Theile seine Function gibt, wodurch er zum Wohle des Ganzen beiträgt und das im Baume auf diese Weise in zahllosen Zellen thätig ist; so kann die Gesellschaft nicht bestehen ohne eine lebendige Einheit, ohne das Lebensprincip der Autorität, die Alle verpflichtet, zusammenhält, zum Wohle des Ganzen anleitet, sie mag nun in Einzelpersonen oder im Ganzen als solchen ruhen.

8. Die Gesellschaft kann nicht ohne wahre Einheit gedacht werden.

Diese Einheit aber ist eine doppelte: eine äußere, die Einheit des Zweckes, wofür Alle gemeinschaftlich thätig sind, und eine innere, die durch die Autorität zu Wege gebrachte Einigung der Mitglieder im Zusammenwirken für diesen Zweck. Wo beides sich findet, haben wir eine wahre Gesellschaft im strengen Sinne des Wortes [1]. Nur in diesem strengen Sinne kann das Wort Gesellschaft in dem 19. Satze des Syllabus verstanden werden; denn, daß Christus eine Gesellschaft im weitern Sinne des Wortes unter seinen Anhängern begründet habe, läugnet Niemand.

Ist nun die Kirche eine wahre Gesellschaft? Die Antwort hierauf wurde bereits in der ersten Broschüre gegeben. Dort wurden verschiedene Gründe für die Bejahung jener Frage auseinandergesetzt, wenn auch nur kurz, wie es sich für einleitende Bemerkungen geziemte. Es ist nicht nöthig, die einzelnen Beweise hier wieder vorzubringen. Es sei uns jedoch gestattet, den letzten derselben weiter zu entwickeln, weil es sich hier um den Fundamentalbegriff unserer ganzen Abhandlung handelt.

9. „Christus", so heißt es dort, „bezeichnet es selber als seine Aufgabe, in dem durch Sünde, Irrthum und Selbstsucht getheilten Geschlechte eine Alles umfassende Einheit herzustellen; wie war das möglich ohne einen eigenen gesellschaftlichen Ansatz, ohne eine sichtbar organisirte Kirche?"

Gott wollte alle Menschen zu einem großen Liebesganzen verbinden, das ein glänzendes Bild seiner göttlichen Einheit wäre. Die Sünde zerstörte diesen Plan, sie zerriß die Menschheit. Zwiespalt trennte die heiligsten Bande. Sollte nun Christus Alles wieder herstellen, (Ephes. 1, 10.) so mußte er Alle zur Einheit zurückrufen. Diesen seinen Plan deutet schon der Name an, den er der Gesammtheit seiner Gläubigen gab (ecclesia, d. i. Versammlung, Verein). Noch deutlicher legte er seine Absicht in vielen Parabeln und Gleichnissen vor. Er wollte das Reich Gottes auf Erden stiften und nannte sich dessen König; aber ein Reich kann nicht gedacht werden ohne das wesentliche Merkmal einer wahren Gesellschaft, die Einheit. Doch eine noch größere Einheit, als in einem Reiche, ist in einer Stadt, und eine noch vollkommnere in einem Hause. Darum vergleicht er, sowie der Apostel, welcher die Geheimnisse seines liebenden Herzens kannte, die Gemeinde der Gläubigen mit einer Stadt, mit einem Hause, um anzudeuten, daß er in derselben eine ganz

---

[1] Siehe Taparelli: Versuch eines Naturrechtes. Deutsche Uebersetzung I, 278 ff.

vorzügliche Einheit herstellen wollte. Sollte ja auch die unermeßliche Familie der Kirche, wie die Glieder Eines Hauses, an derselben Tafel speisen, dasselbe Himmelsbrod essen, denselben göttlichen Trank theilen! Und wie viel lag dem Heiland gerade an der Einheit dieses Hauses! Es sollte ja nach seiner Absicht währen „bis an's Ende der Welt"; „ein jedes Haus aber, das getheilt ist, stürzt zusammen." Darum gründete er es auf einen Felsen, der mit unzerstörbarer Festigkeit die einzelnen Theile dieses Hauses zusammenhielte.

So groß aber auch die Einheit eines wohlgeordneten Reiches, so fest auch das Zusammenhalten des auf einen Felsen gegründeten Hauses ist, eine höhere Einheit sehen wir doch in den lebenden Wesen, und so finden wir denn hiemit die Einheit der Kirche häufig in der Schrift verglichen. Das Himmelreich, sagt Christus, ist gleich einem Senfkörnlein, das zu einem Baume wird. Und wenn er am Vorabende seines Leidens sich den Weinstock, die Jünger aber die Rebzweige nennt, so will er uns dasselbe lehren, nur bezeichnet er damit zugleich sich als den lebendigen Urgrund, in dem sich diese Einheit erheben soll. Eben das thut der Apostel, wenn er die Kirche mit dem menschlichen Leibe vergleicht und als Haupt desselben Christus preist. Der häufige Gebrauch, den der Apostel von diesem Bilde macht, die Sorgfalt, womit er es ausmalt, beweist, wie treffend die Einheit des Körpers, die größte in den natürlichen Gebilden, ihm die Einheit der Kirche zu veranschaulichen schien.

10. Doch halten wir uns nicht länger bei diesen sinnlichen Bildern auf. Versetzen wir uns im Geiste in jenen trauten Kreis der Jünger, in dem der Heiland am Vorabende seines Leidens unverhüllt und nicht mehr in Gleichnissen die Geheimnisse seiner göttlichen Liebe aussprach. Da ihm alle aus der Schöpfung hergenommenen Gleichnisse zur Darstellung der von ihm gewollten Einheit seiner Jünger nicht genügten, macht er wiederholt in seinem hohenpriesterlichen Gebete auf das göttliche Urbild aufmerksam, das er in der Kirche ausprägen wollte. „Nicht nur für sie (die Apostel) bitte ich, sondern für Alle, die durch ihr Wort an mich glauben werden, daß alle eins seien, wie Du, Vater, in mir und ich in Dir, daß auch sie in uns eins seien, damit die Welt glaube, daß Du mich gesandt hast." (Joh. 17, 20. 21.) Aber nur der Erweis göttlicher Kraft konnte in der Kirche dieses Urbild darstellen; darum verlieh Christus „die Herrlichkeit, die ihm der Vater gegeben", den Aposteln; denn durch die Offenbarung ließ er sie theilnehmen an seiner göttlichen Wahrheit, durch die Wundergaben an der göttlichen Macht, durch

die Autorität an der göttlichen Gewalt, durch eine unbegreifliche Gna= benfülle endlich an den Schätzen der göttlichen Liebe. Die Wirkung eben dieser Mittheilung der Herrlichkeit Christi sollte eine so gewaltige sein, daß die Welt beim Anblick der so bewirkten Einheit die göttliche Sendung Christi erkennen und staunend ob der durch diese Einheit auf die Gläubigen überströmenden Gnadenfülle ausrufen sollte: Wie der Vater den Sohn geliebt, so hat er auch sie geliebt. Groß ist freilich die Liebe des Freundes zum Freunde, glühend die Liebe des Bräutigams zur Braut, unermüdlich thätig die Liebe des Vaters zum Sohne, über Alles zärtlich die Liebe der Mutter zum Kinde, unvergäng= lich die Liebe der Seele zum Körper: mit allem diesem ist in der Schrift die Liebe Gottes zu der Kirche verglichen worden; aber es genügte nicht; denn diese göttliche Liebe ist unendlich größer, glühender, thätiger, zärt= licher, unvergänglicher. Darum findet sie ihr Gleichniß nur in der hl. Dreieinigkeit. Wie der Vater seinen Sohn geliebt, so liebt er auch die zur kirchlichen Einheit verbundenen Gläubigen. Doch führen wir lieber die Worte des göttlichen Meisters selbst an, damit Niemand uns der Uebertreibung beschuldige: Ich habe die Herrlichkeit, die du mir gegeben, ihnen verliehen, damit sie eins seien, wie auch wir eins sind. Ich in ihnen und du in mir, damit sie vollkommen eins seien und die Welt erkenne, daß du mich gesandt und du sie ge= liebt, wie auch du mich geliebt hast. (Joh. 17, 22. 23.) Aber ein kräftigeres Zeugniß noch als diese Worte legt das Blut Jesu Christi für diese Wahrheit ab. Denn warum ist es geflossen am Kreuze? Warum ist Christus dort unter den schrecklichsten Qualen gestorben? Die Apo= stel antworten hierauf einmüthig: um die zerstreuten Kinder Gottes in Eins zu versammeln, diejenigen, welche fern waren, durch sein Blut nahe zu bringen, um die Scheidewand niederzureißen, welche Juden und Heiden trennte, um aus Beiden Eins zu machen und Beide zu Einem neuen Menschen umzuschaffen. (Joh. 11, 52; Ephes. 2, 13 ff.)

·11. Da die Worte und das Blut Jesu Christi so beredt sprechen, scheint es uns unnöthig zu sein, noch viele Zeugnisse von den Aposteln, den Vätern für die von Christus gewollte Einheit beizubringen, so reich= lich uns diese auch zu Gebote stehen. Denn nirgends strömen die Worte in solcher Fülle, mit solcher Kraft, mit solchem Feuer aus dem Munde des Völkerapostels, als wenn er die Gläubigen zur Einheit mahnt, ihnen die Beweggründe dazu vorhält, und sie bei allem, was ihnen heilig und theuer ist, beschwört, dieselbe zu bewahren. Ferner enthalten die älte=

ften, rührendſten Schriftſtücke, die uns aus der erſten chriſtlichen Zeit er=
halten ſind, zum großen Theil Ermahnungen zur Einheit, und die ſpäte=
ren Väter vollends ſchrieben ganze Bücher über dieſelbe. Nur ſo erklärt
ſich auch der in unſerer Zeit ſo oft verkannte, glühende Haß gegen
Häreſie und Schisma, welcher die Apoſtel und erſten Chriſten entflammte.
Dieſe Sünden zerreißen ja die Einheit, welche, wie die Harmonie zu=
ſammenklingender Saiten einer Zither und der Stimmen eines Chores,
in lieblichſter Weiſe Gott preist, für die Menſchen aber die Quelle alles
Segens, alles Heiles wird. Trenne den Strahl von der Sonne, das
Licht erträgt nicht dieſe Trennung; brich vom Baume den Aſt, abge=
ſchnitten kann er nicht ſproſſen; dämme ab von der Quelle den Bach,
ohne Zufluß vertrocknet er. So verhält es ſich auch mit der Trennung
von der kirchlichen Einheit. Wer ſich von der Kirche losgeriſſen hat,
der iſt getrennt von den der Kirche gegebenen Verheißungen, gelangt
nicht zu dem von Chriſtus verſprochenen Lohne, kann Gott nicht zum
Vater haben, weil er die Kirche nicht zur Mutter hat, kann nicht dem
Verderben entrinnen, weil er ſich außer der rettenden Arche befindet,
kann nicht Leben und Heil erhalten, weil er das Geſetz Gottes nicht
bewahrt und die von oben ſtammende, durch himmliſche Geheimniſſe zu=
ſammengehaltene Einheit freventlich zerreißt [1].

Nach all' dieſen Zeugniſſen kann es nicht zweifelhaft ſein, daß
Chriſtus unter den Gläubigen eine enggeſchloſſene Einheit begründen
wollte, an der alle Völker und alle Zeiten theilnehmen ſollen. (Matth.
28, 19. 20.)

12. War der Plan Chriſti, eine ſo große, Alles umfaſſende Ein=
heit herzuſtellen, ſo müſſen wir weiter mit der erſten Broſchüre fragen,
„wie war das möglich ohne eigenen geſellſchaftlichen Anſatz, ohne eine
ſichtbar organiſirte Kirche?" Den Grund hiefür haben wir oben ent=
wickelt, indem wir zeigten, daß eine wahre Einheit nicht ohne eine die
Menſchen zu einer Geſellſchaft organiſirende Autorität beſtehen kann.
Gilt das von jeder Einheit, wie vielmehr von der, welche Chriſtus in
feſteſter, innigſter Weiſe unter den Völkern aller Länder und Zeiten be=
gründen wollte? So müſſen wir ſchon von vornherein ſchließen. Wir
können jedoch auch mit Leichtigkeit beweiſen, daß alle Elemente der ge=
ſellſchaftlichen Einheit nach dem Plane Chriſti in der Kirche ſich vor=
finden.

---

[1] S. Cypriani de unitate Ecclesiae c. 5. 6.   Opp. Ed. Baluzii p. 195.

13. Vor allem gehört hieher die Einheit des Zweckes. Christus wollte, daß das von ihm begonnene Werk nicht mit seinem Tode aufhöre, daß seine Lehre überall geprediget, geglaubt, geübt und seine Sacramente gespendet würden bis zum Ende der Welt. (Matth. 28, 19. 20; 1 Cor. 11, 26.) Als Frucht der christlichen Religion aber ist das ewige Leben verheißen, wie aus zahllosen Stellen der Schrift und der Väter erhellt und von Niemanden bezweifelt wird. Ein Ziel ist also allen Gläubigen vorgesteckt: Das ewige Leben durch Erhaltung und Uebung der christlichen Religion. Dieses Ziel ist nun übernatürlich, unerreichbar für bloß natürliche Kräfte. Denn es ist kaum eine Lehre in der Schrift, besonders beim hl. Paulus, so betont, als daß das ewige Leben ohne Christus, ohne seine aus freier Liebe verliehene Gnade nicht erlangt werden kann. Daneben wird aber auch die menschliche Mitwirkung erfordert und zwar durchaus ein gemeinschaftliches Wirken der Gläubigen zur Erreichung dieses Zieles. Wie Gott nämlich in der natürlichen Ordnung den Menschen durch Bedürfniß und Liebe zur Gesellschaft führt, so hat er auch in der übernatürlichen Ordnung durchaus den Menschen an den Menschen gewiesen. Ohne den Glauben ist es unmöglich selig zu werden. Aber der Glaube setzt die Belehrung durch Andere, die Predigt hinwiederum die Sendung von Andern voraus, wie der Apostel im Römerbriefe (10, 14. 15.) sagt. In der That, so unzweifelhaft auch Paulus durch den heiligen Geist zum Apostelamte befähigt und auserkoren war, es mußten ihm doch von Andern die Hände aufgelegt werden. Und wenn derselbe Apostel im Römerbriefe schreibt: „Ich sehne mich, euch zu sehen, um zugleich bei euch durch wechselseitigen Glauben getröstet zu werden", so ist das nicht eine demüthige Phrase, sondern es liegt darin die tiefste Wahrheit verborgen. Der Glaube nämlich selbst eines Apostels, selbst eines Paulus bleibt nur in der Gemeinschaft der Gläubigen lebendig.

Außer dem Glauben ist auch die Taufe nothwendig zum Heile, aber Niemand tauft sich selbst. Nothwendig ist ferner die Sündenvergebung, aber zur Erlangung derselben hat Christus uns an die Träger der apostolischen Gewalt gewiesen, zu denen er sprach: „Denen ihr die Sünden vergebet, denen sind sie vergeben; denen ihr sie behaltet, denen sind sie behalten."

So genügt denn auch in der übernatürlichen Ordnung Niemand sich selbst, die größte Nothwendigkeit, das ewige Heil, das letzte Ziel treibt uns zu Andern, wie diesen wiederum die Liebe gebietet, uns in der Erreichung des ewigen Heiles behilflich zu sein. Die Seligkeit Anderer wollen und zwar wirksam wollen, ist ja der eigentlichste Act der Liebe, ohne welchen sie gar nicht gedacht werden kann. Es gibt darum nichts, was der Nächstenliebe so nothwendig wäre, als sich dem großen Bruderbunde einzufügen, der Allen die ewige Seligkeit vermitteln will. Bedürfniß und Liebe führen mithin zur Kirche.

14. Was nun so aus dem Gebote der Selbst= und Nächstenliebe folgt, daß wir zu unserer und Anderer Rettung in der Kirche sein und wirken sollen, hat der Heiland übrigens ausdrücklich ausgesprochen. Er befiehlt unter Strafe der Verdammniß, sich durch die Taufe der Kirche einzuverleiben, zu glauben, was sie predigt, zu halten, was sie gebeut, theilzunehmen am hl. Mahle, das sie austheilt. (Joh. 3, 5. 6, 54; Marc. 16, 15. 16; Matth. 18, 17.)

Christus wollte also durchaus einen Verein seiner Gläubigen, in den alle Völker der Erde eintreten sollten. Er setzte ihnen ferner ein gemeinsames Ziel und verpflichtete Alle, für dasselbe zu wirken. Aus dem Vorhandensein dieses ersten wesentlichen Elementes einer wahren Gesellschaft können wir aber das Dasein des zweiten gleich=wesentlichen Elementes folgern, daß nämlich Christus auch eine Gewalt eingesetzt, welche diese Thätigkeit unzähliger Menschen lenken sollte. Das Gegentheil anzunehmen, wäre ungereimt, denn Christus wäre in diesem Falle entweder kein Gott des Friedens und der Ordnung, oder nicht die ewige Weisheit, da er gewähnt hätte, Ordnung könne unter so unzähligen Menschen herrschen ohne ein ordnendes Princip. Wir haben darum nicht nöthig die Einsetzung einer solchen, diese unermeßliche Wirksamkeit regelnden Gewalt hier noch durch andere Beweisgründe darzuthun, und das um so weniger, weil dieselbe bereits in der ersten Broschüre bewiesen ist und wir auch noch später häufig darauf zurückkommen müssen. Die Kirche hat also nach dem Willen ihres Stifters die zum Wesen einer wahren Gesellschaft nothwendige und ausreichende, äußere und innere Einheit, sie ist mithin nach dem Willen Christi eine wahre Gesellschaft.

15. Es gibt noch einen andern Weg, um diese Wahrheit zu beweisen. Denn wie wir bisher die kirchliche Einheit in ihrer Quelle, dem Willen Christi, betrachtet haben, so können wir auch umgekehrt von ihrer jetzigen Größe ausgehen und dann aufwärts bis zu ihrer Quelle steigen. Dieser Beweis wird nicht nur zeigen, daß Christus seine Kirche als Gesellschaft gegründet hat, sondern auch, daß diese Gesellschaft in der römisch=katholischen Kirche fortlebt.

Gegenwärtig sind 200 Millionen Menschen in der katholischen Kirche zu einer bewunderungswürdigen Gesellschaft vereint. Der gesellschaftliche Charakter derselben ist wohl die hellleuchtendste Thatsache, die existirt. Es ist gleicherweise gewiß, daß zur katholischen Kirche sich bekennen ebenso viel heißt als: öffentlich bezeugen, diese Kirche sei von Christus durch die Apostel gestiftet. Die katholische Kirche ist aber nicht von gestern; Jahrhunderte hat sie bestanden. Die Tausende von Millionen also, die je zu ihr gehalten, bezeugen einstimmig, diese Gesellschaft sei von Christus gegründet. Es war im Jahre 325, als die Bischöfe dieser großen Gesellschaft aus der ganzen damals bekannten Welt in Nicäa unter dem Vorsitze der päpstlichen Gesandten zusammenkamen [1]. In dem feierlichen Glaubensbekenntniß, das sie dort aufstellten, nannten sie die katholische Gesellschaft apostolisch, d. h. von Christus durch die Apostel gegründet. In der That, diese war nicht erst damals entstanden; wir können sie an der Reihe der mannigfaltigsten Zeugnisse noch fast drei Jahrhunderte weiter hinauf verfolgen. In dieser langen Zeit boten die römischen Kaiser ihre ganze Macht auf, um die Kirche zu unterdrücken oder in ihrem Blute zu ersticken. Gerade hiedurch aber ward ihr unsterbliches Leben nur um so deutlicher kund. Ihr Felsenbau mochte von den Wogen der schrecklichsten Verfolgungen bedeckt werden, er ging immer aus ihnen nur um so herrlicher hervor. Was stärkte nun die Kirche in so furchtbaren Stürmen? War es nicht das Bewußtsein, von Christus gegründet zu sein, von ihm die Verheißung erhalten zu haben, die Pforten der Hölle würden sie nicht überwältigen? Die Gläubigen wollten nicht ablassen von der Lehre, von der Kirche Christi, deren göttlichen Ursprung sie fest glaubten. In dieser Ueberzeugung und für dieselbe vergossen die Märtyrer ihr Blut. Der übermenschliche Heldenmuth, den sie in den Qualen und dem Tode bewiesen, drückte ihrem Zeugniß das glaubwürdigste Siegel auf.

Dasselbe Bewußtsein stärkte die Kirche in ihren innern Kämpfen. Ihren apostolischen Ursprung hielt sie den ausscheidenden Sekten entgegen und sprach zu ihnen das sie vernichtende Wort: Ihr seid von gestern. Darum bewahrt sie, wie schon mehrere Zeugnisse aus dem zweiten Jahrhundert beweisen, mit der äußersten Sorgfalt die Liste ihrer Vorsteher bis zu den Aposteln hinauf. Kein adeliges Geschlecht hat mit gleichem Stolz seinen Stammbaum bewahrt.

---

[1] Hefele Conciliengeschichte I. S. 32 ff.

Niemand zog auch in Zweifel, daß diese kirchliche Gesellschaft von den Sendboten Christi gegründet sei. Die Heiden mochten Christus und die Apostel für Betrüger halten, aber zu leugnen, daß diese die Kirche gestiftet, fiel ihnen nicht ein. Die Häretiker mochten lärmen und toben, die Kirche sei verderbt; sie mochten ihre eigenen Hirngespinnste für Eingebungen des hl. Geistes ausposaunen, womit die noch unvollkommene Kirche zur höchsten Vollkommenheit geführt werden sollte; sie mochten mit einer Geheimlehre prahlen, welche die Apostel neben den der katholischen Kirche überlieferten Sätzen wenigen Auserwählten mitgetheilt; aber zu läugnen, daß die katholische Kirche von den Aposteln gestiftet, fiel ihnen nicht ein. Die Schismatiker mochten aus der kirchlichen Einheit treten, weil ihr Ehrgeiz bei der Wahl der Bischöfe nicht berücksichtigt wurde; aber zu läugnen, daß den ersten Ring an der Kette dieser Vorsteher ein Apostel bilde, fiel ihnen nicht ein.

Wir haben also ein Zeugniß, wie kein anderes in der Geschichte existirt, ein Zeugniß, das Tausende von Millionen ablegten, das durch das Blut der Martyrer besiegelt, dem in jenen Zeiten, wo die offenkundige Thatsache geschah, auch die ärgsten Feinde nicht widersprachen; über allem Zweifel erhaben ist deßhalb die dadurch beurkundete Wahrheit: die bewundrungswürdigste Gesellschaft, die katholische Kirche, ist von Christus durch die Apostel gestiftet, oder mit andern Worten: die Kirche ist nach dem Willen Christi eine wahre Gesellschaft.

16. Bevor wir weiter gehen, sei es uns vergönnt, im hellen Sonnenlichte dieser Wahrheit uns einen Augenblick zu freuen. Nichts ist ja für uns wichtiger, nichts stärkt uns so sehr im Leben, nichts tröstet uns mehr im Tode, als das sichere Bewußtsein, zu der von Christus gegründeten Kirche zu gehören. Wie sollten also wir Katholiken nicht darüber jubeln, daß es keine Thatsache in der Geschichte gibt, die mehr bezeugt, die glaubwürdiger, unzweifelhafter ist als diese. Ach, daß diese Freude nicht ungetrübt ist! Denn es gibt so viele irrende Brüder, die vor dem Lichte dieser Wahrheit ihre Augen verschließen und deßhalb um so weniger Sicherheit und Trost finden, je heller jene Wahrheit leuchtet. Denn was vermöchte sie zu beruhigen in dieser Angelegenheit, von der ewige Seligkeit oder ewige Verdammniß abhängt? Können sie so unzähligen, so sichern Zeugnissen gegenüber läugnen, daß die katholische Kirche von Christus gegründet ist? Dürfen sie den ausdrücklichsten Verheißungen Christi (Matth. 16, 18. 28, 20; Joh. 14, 16. 17;

1 Timoth. 3, 15) zuwider behaupten, die von Christus auf den Felsen gegründete Kirche, bei welcher er und der hl. Geist, der Geist der Wahrheit, bleiben will bis zum Ende der Welt, diese Säule und Grundfeste der Wahrheit könne von den Mächten der Hölle überwunden und in Irrwahn gezogen werden? Oder hilft ihnen die Ausrede, die Kirche Christi sei unsichtbar? Großer Gott, du hast eine sichtbare Kirche gegründet: die katholische Kirche, die sichtbarste aller Gesellschaften, und man wagt die Behauptung, daß deine Kirche unsichtbar sei! Du hast der Kirche deine göttliche Herrlichkeit verheißen, damit die Welt bei ihrem bloßen Anblick dich, ihren göttlichen Stifter, erkenne, und eine in solchem Glanze strahlende Kirche sollte unsichtbar sein! Nein, in alle Ewigkeit nicht. Die katholische Kirche besitzt ja noch immer diese Herrlichkeit, welche deutlich ihren göttlichen Ursprung bekundet. Dieß wollen wir jetzt erweisen, weil es uns ein neues Erhärtungsmittel für die in Rede stehende Wahrheit bietet.

17. Ein Sonnenstrahl weist schon durch seine Helle auf seinen Ursprung, seine Lichtquelle hin. So ist es auch mit der katholischen Gesellschaft. Ihre Organisation ist so wunderbar, daß sie nicht von Menschen, sondern nur von Gott stammen kann.

Die Kirche verbindet mit den zartesten Banden eine unendliche Mannigfaltigkeit zur Einheit [1], eine zahllose Menschenmenge zu Einem Reiche und zwar ungehemmt durch Flüsse, Gebirge, Wüsten, Meere, durch Sprachen, Sitten, Gebräuche; ungehemmt durch das, an dessen starrem, unbeugsamem Wesen die Macht der größten Eroberer zerschellte. Ihr Friede, vom Himmel gekommen, dringt tiefer hinab in die menschliche Brust, als jede Entzweiung. Aus allen Völkern, oft tief gespalten durch die verschiedensten Interessen, erbaut sie Gottes Haus, worin sie alle zu Einem Lobgesange vereinigt. Denn wie viele Nationen sie auch in ihre Gemeinschaft aufnimmt, wie viele Millionen sie auch umschlingt, alle bekennen ein und dasselbe: was das eine kirchliche Lehramt zu glauben vorstellt. Ein und derselbe Glaube in allen Gliedern, Völkern, Erdtheilen; überall dieselben Sacramente, überall dasselbe hochheilige Opfer, von Aufgang bis zum Niedergang dem Herrn dargebracht. Was jetzt der Fall ist, geschah schon seit Jahrhunderten; denn das war immer der erste Grundsatz der katholischen Kirche, an dem überlieferten Glauben unbeugsam festzuhalten. So hat in dieser Zeit die katholische Glaubens-

---

[1] Möhler Symbolik. 6. Auflage. S. 334 ff.

einheit Millionen und Millionen Menschen umschlungen, und zwar nicht verknöcherte, sklavische Orientalen, sondern die beweglichsten, freiheits=durstigsten Nationen des Occidentes. Vermöchte menschliche Macht eine solche Einheit zu gründen?

Nichts ist bekanntlich schwieriger, als viele Menschen zu einer und derselben Meinung zu führen. Ist es doch oft schlechterdings unmöglich, auch nur unter zwei Ehegatten in geringfügigen Dingen Uebereinstim=mung zu bewirken! Aber welch' ein wunderbares Schauspiel bietet unserm Blicke die katholische Kirche! Nicht etwa zwei Personen, sondern viele Tausende von Millionen und unter ihnen die gebildetsten Völker, die größten Gelehrten, die mächtigsten Fürsten, entsagen ihrer eigenen Mei=nung, unterwerfen sich der Entscheidung Anderer in Dingen, die der menschlichen Vernunft zu glauben und dem menschlichen Herzen zu üben fast unmöglich sind. Wahrlich hier ist eine übermenschliche Kraft thätig; hier ist der Finger Gottes.

Wem das noch nicht einleuchtet, der erwäge, daß die gewaltigsten Mächte der Erde diese kirchliche Einheit zu zersprengen suchten: die Macht des römischen Reiches mit seinen blutigen Verfolgungen; die Macht des griechischen Kaiserthums mit seinem den Glauben knechtenden Absolutis=mus; die Macht der alle civilisirten Länder verheerenden Völkerstämme mit ihren ungebändigten Naturen; die Macht des Islams mit seinem wilden Fanatismus; die Macht der heidnischen Philosophie, der alle Kräfte des Geistes, alle Leidenschaften des Herzens zu Gebote standen, um sich gegen die Thorheit des Kreuzes zu vertheidigen; die Macht des Schisma's, das, durch Ehrgeiz gestachelt, den Busen der gemeinsamen Mutter zerriß; die Macht der Häresie, die ihren Stolz unter dem Eifer für die Reinheit der Lehre und der Sitten verbarg und sich Fürsten und Völker gegen die Kirche verbündete; die Macht des Aergernisses, welches die furchtbarste Zerstörung anzurichten drohte, da es den schlimmsten Feind in das Innere einließ, das aber dennoch nichts gegen den Stuhl Petri vermochte, obwohl es sogar das eine oder andere Mal auf dem=selben zu sitzen schien. Alle diese Mächte drangen auf die Kirche los, aber die Kirche ging mitten durch diese Angriffe mit der Ruhe Gottes, von dem geschrieben steht: Er schritt mitten durch sie hinweg (Luc. 4, 30). So ist die Kirche durch die Stürme von achtzehn Jahrhunderten ge=gangen, ihre Einheit blieb unversehrt, die Stürme haben diese Einheit nur noch mehr befestigt. Wie war das möglich? Kein menschliches Werk gibt es, das nicht durch irdische Gewalt könnte zerstört werden; zum

2*

Wenigſten erliegt es dem nagenden Zahne der Zeit, wenn es auch allem Andern trotzt. Nun, die furchtbarſten Mächte griffen auch die katholiſche Kirche an und ſiehe! nach unzähligen Kämpfen, nach achtzehn Jahrhunderten ſteht die katholiſche Kirche blühender, kräftiger, geeinigter da, als ſie vielleicht je geweſen. Und in der katholiſchen Kirche ſollte keine übermenſchliche Kraft thätig ſein!

Doch faſſen wir das Geſagte kurz zuſammen, um das Zwingende unſerer Folgerung noch beſſer wahrzunehmen.

Die katholiſche Einheit ſpottet aller Entfernung, da ſie die ganze Welt umſpannt; ſie achtet nicht der Unterſchiede von Bildung und Geſittung, die noch weit mehr als See und Meer die Nationen trennen; ſie überlebt alle Fortſchritte, die nur ihre Wahrheit in helleres-Licht ſtellen; ſie triumphirt über alle Hinderniſſe, die nur ihre göttliche Kraft bewähren; ſie trotzt den gewaltigſten Mächten, die ſie zu zerſprengen ſuchten, aber in dem tauſendjährigen Kampfe nur ihre Kraft ſtählten; ſie ſah das Blut ihrer Kinder in Strömen fließen, das aber nur ihre Mitglieder um ſo feſter verkittete. Geſchlechter ſtarben, Geſchlechter entſtanden, Throne ſtürzten, Throne bauten ſich auf, die Mächtigen der Erde wurden von den Wogen der Zeit bald gehoben, bald verſchlungen; das Menſchliche war in fortwährendem Fluſſe; es veränderte ſich Alles: die Geſtalt der Länder, die Sitten, die Sprachen, die Anſichten; aber mitten in dieſen Veränderungen, in dieſem Wechſel der Zeiten, in dieſem Kreislaufe der Jahrhunderte ſteht unerſchütterlich die katholiſche Kirche, bleibt unveränderlich ihr Glaube, erhält ſich unwandelbar ihre Einheit. Wenn wir hiemit den raſchen Untergang der Reiche vergleichen, welche Menſchen gründeten und befeſtigten, und mit aller möglichen Macht und Herrlichkeit umgaben, dann müſſen wir fürwahr bekennen, daß jene kirchliche Geſellſchaft nicht von Menſchen, ſondern von Gott geſtiftet iſt.

Denn alles Irdiſche vergeht,
Und nur das Göttliche beſteht.

Man muß mithin aus der wunderbaren Dauer und Vollkommenheit der geſellſchaftlich organiſirten Kirche die Schlußfolgerung ziehen, daß dieſe Geſellſchaft von Gott gegründet, mit andern Worten, daß die Kirche nach Gottes Anordnung eine wahre Geſellſchaft iſt.

18. Doch aus der dargelegten Thatſache erhellt noch mehr. Die Kirche iſt nicht nur eine wahre, ſondern die größte Geſellſchaft. Sie iſt die ehrwürdigſte von allen wegen ihres Alters. Sie iſt zugleich die nothwendigſte, denn in ſie einzutreten iſt unter Strafe der ewigen Ver-

dammniß geboten, aus ihr auszuscheiden ist nie und nimmer erlaubt, während doch Fälle denkbar sind, in denen man sich von allen anderen Gesellschaften sondern kann und darf. Ihre Bande sind die zartesten: Glaube, Hoffnung, Liebe, und doch zugleich die festesten. Sie ist endlich die vollendetste aller Gesellschaften. Schon der bloße Anblick ihrer wunderbaren Größe, Dauer und Einrichtung muß das Jeden lehren, dessen Vernunft nicht durch Vorurtheile geblendet ist. Noch mehr aber leuchtet solches ein, wenn wir mit den Augen des Glaubens die Kirche betrachten. Durch ihre wunderbare Einheit erscheint sie als das Abbild der hl. Dreieinigkeit, als der Verein aller derer, welche die göttlichen Personen zur Theilnahme an ihrer seligen Gemeinschaft berufen und deßhalb mit allen Gnadenmitteln ausgestattet haben. Nur ein kleiner Theil derselben kämpft auf Erden; diese kämpfende Kirche ist aber innigst verbunden mit der leidenden im Reinigungsort, verbunden mit der triumphirenden im Himmel, mit jenen unzähligen Schaaren der Seligen, welche, wie sie von ihren kämpfenden Brüdern verehrt werden, so diesen vom gemeinsamen Vater durch ihre mächtige Fürbitte Gnaden über Gnaden erhalten. Sie alle bilden Eine Gemeinschaft, Einen unermeßlichen Liebesbund, den mystischen Leib Jesu Christi. Ein göttliches Leben durchströmt diesen Leib. Eine kostbare Speise, der Herr selbst, nährt diesen Leib. Eine Wahrheit, das Wort Gottes, leuchtet diesem Leib. Ein Geist beseelt diesen Leib, der hl. Geist nämlich, wahrer Gott, wie Vater und Sohn. So durchdringen sich in der Kirche auf geheimnißvolle Weise Göttliches und Menschliches, und gerade das macht sie fähig, das große Werk fortzusetzen, das der Gottmensch auf Erden begonnen: die Verherrlichung Gottes und die Beseligung der Menschen. Diese Wirksamkeit aber verherrlicht die Kirche mehr, als Worte es vermögen. Denn zahllos ist die Menge der Armen, die sie genähret, der Waisen, die sie aufgezogen, der Kranken, die sie verpfleget, der Unwissenden, die sie unterrichtet, der Weinenden, die sie getröstet, der Bedrängten, die sie beschützt. Ihr schuldet die Familie die unauflösliche Festigkeit der zarten Bande, die sie umschlingen, die Heiligkeit der Ehe und all' das Glück, welches aus dieser Quelle reichlich fließt. Ihr verdanken die civilisirten Nationen die Bildung, welche sie in den schrecklichen Stürmen der Völkerwanderung erhalten und dann weithin über die Erde verbreitet hat. Sie gewährt nun schon seit achtzehn Jahrhunderten der Menschheit sicheren Aufschluß über die wichtigsten Fragen, reichliche Wahrheit und Gnade, Verzeihung der Sünden, den Frieden des Herzens, wahre Tugend, Hoffnung und

Muth in allen Nöthen, selbst in den Schrecken des Todes. Doch was versucht diese schwache Feder die Vollkommenheit und Wirksamkeit der katholischen Kirche zu beschreiben! Erst im Himmel, wann wir im Besitz der Herrlichkeit und Seligkeit Gottes, die ewige, unendlich kostbare Frucht der kirchlichen Gemeinschaft genießen, erst dann vermögen wir zu begreifen, wie vollkommen die katholische Kirche ist. Himmel und Erde hat Gott mit seinem Worte geschaffen, die Kirche aber um den Preis unsäglicher Mühen und Leiden, um den Preis seines kostbaren Blutes gebildet, damit sie, wie das vollkommenste aller göttlichen Werke, so auch die vollendetste aller Gesellschaften sei.

Was folgt nun hieraus?

19. Aristoteles spricht einen tiefen Gedanken aus, indem er behauptet, die innere Vollkommenheit eines lebenden Wesens befähige es, sich weiter fortzupflanzen. Das bewahrheitet sich an der Kirche; denn sie, die vollendetste aller Gesellschaften, hat auch unzählige andere erzeugt. Schon ihre Organisation bringt das mit sich. Denn sie baut sich nicht nach dem Ideal der liberalen Systeme unmittelbar aus Individuen auf, wie ja auch kein lebendes Wesen unmittelbar aus Atomen zusammengesetzt ist, sondern ihre Glieder sind wiederum Gesellschaften: Diöcesen, die gleichfalls ihrerseits in andere Corporationen zerfallen. Noch mehr.

Wir sagten schon früher, wenn die Menschen sich zu schwach fühlten im Verhältniß zu den Absichten, die sie erstreben, führe Bedürfniß und Liebe zur Vereinigung von Gleichgesinnten. Hält nun nicht auch die Kirche den Ihrigen viele edle Zwecke vor, für welche Einzelkräfte nicht ausreichen? Flößt sie nicht hochherzige Gedanken ein, deren Ausführung das gemeinsame Streben Vieler erheischt? Strömt nicht von ihrem Herzen die übernatürliche Liebe, die unendlich mehr als die natürliche geeignet ist, die Menschen zu einigen? Die letztere vermag nicht jegliche Kluft auszufüllen, nicht alle Unterschiede auszugleichen, welche die Menschen von einander trennen, aber die himmlische Kraft jener göttlichen Liebe vermag Alles zu ebnen, Alles auszugleichen. Hieraus wird klar, warum die Kirche Mutter zahlloser Vereine geworden.

20. Wie die Kirche das sociale Leben weckt, so erhält und fördert sie es auch in jeglicher Weise. Denn ihr Geist ist der Geist der Demuth, welcher einerseits die Obern zu den Untergebenen herabneigt und sie zu Dienern derselben macht, aber auch anderseits diesen Gehorsam und Unterwürfigkeit einflößt, ohne welche keine Gesellschaft Bestand und Dauer hat. Willkür, diese Pest der Gesellschaft, ist so auf beiden Seiten abge-

schnitten. Aber diese Demuth artet nicht in sklavisches Wesen aus, welches nicht minder dem socialen Leben verderblich wird, weil keine Gesellschaft blühen kann, wenn sie nicht lebt, das Leben aber unmöglich ist
ohne ein selbstständiges Princip, welches das Ganze beseelt und es von
innen heraus zur Thätigkeit stachelt. Eben deßhalb bringt der Büreau-
kratismus dem socialen Leben so großes Unheil, weil er mit seinem
Maschinismus alles selbstständige Leben in dem ihm Untergeordneten
zermalmt. Hievon ist die Kirche unendlich weit entfernt. Denn ihr
Geist ist der Geist der Freiheit; sie gewährt, so viel nur immer thun-
lich, Selbstständigkeit und Selfgovernement den ihr untergebenen Corporationen [1]. Statt vieler Beispiele führe ich nur eins an. Eine Con-
gregation von Nonnen sandte jüngst ihre Regel nach Rom mit der Bitte
um Bestätigung. Nach derselben sollte der Bischof das Recht haben,
die Vorsteherin zu ernennen. Dieses aber wurde in Rom verworfen.
So sehr will die Kirche die Selbstständigkeit der Corporation, daß sie
dieselbe armen Klosterfrauen wider deren Willen bewahrt.

Unsere Behauptung, daß die Kirche das sociale Leben in höchster
Weise weckt und fördert, findet in der Geschichte ihre Bestätigung. Wie
aus einem wohlbestellten Acker nach warmem Frühlingsregen unzählige

---

[1] Einen besonders schlagenden Beleg für unsere Behauptung liefert die Geschichte der Universitäten. Diese Anstalten waren zur Zeit, da sie von der Kirche gegründet oder doch unter deren Schutz und Aufsicht gestellt wurden, literarische Republiken. Wie viel sie noch von dieser Freiheit in unserer Zeit bewahrt haben, zeigt
eine Rede Dr. Virchow's in der preußischen Kammer (60. Sitzung v. 31. Mai 1865).
Virchow hielt sie aus Anlaß der bekannten Angelegenheit Jahn's und Ritschl's.
„Gegenwärtig", so klagte derselbe, „hat man ein theures Recht unserer Universitäten
angetastet. Das Privatdocententhum ist die einzige Tradition unserer Universitäten,
durch welche die Freiheit der deutschen Wissenschaft sich die Sicherheit erwarb, um
sich in den schwersten politischen Zeiten intact zu erhalten. Die Regierung kann
Privatdocenten weder ernennen, noch absetzen, das ist eben das freie Recht der
Facultäten." Der Leser wird sich vielleicht wundern, daß Virchow das Privatdocententhum und dessen Selbstständigkeit so hoch schätzt als ein theures Recht der Universitäten, aber er muß bedenken, daß nach dem Geständniß desselben Professors das
Privatdocententhum die einzige Tradition aus früherer Zeit ist, um die Freiheit der
deutschen Wissenschaft zu sichern. Strandet ein herrliches Schiff, so sind auch die
winzigsten Ueberreste des Baues für denjenigen, dem es glückt, sich an sie zu klam-
mern, ein theures Gut. Doch darüber muß man staunen, daß Männer, denen kaum
ein Schatten der mittelalterlichen, durch die katholische Kirche gehegten und gepflegten
Freiheit geblieben, unter dem Vorwande der Freiheit behaupten, kein Mitglied der
katholischen Kirche dürfe Professor einer Universität werden, wohl aber ein Jude.
(v. Ketteler, Freiheit, Autorität, Kirche. S. 23.)

Pflanzen hervorschießen, so entstanden auch auf kirchlichem Boden zahllose Vereine, Bruderschaften, Orden, welche frommen Zwecken, besonders aber der Nächstenliebe dienten.

21. Die Kirche schützte ferner die natürlichen Gesellschaften, und auch in dieser Beziehung ist es wahr, daß das Uebernatürliche das von der Natur Gewollte erhält und vervollkommnet. Die Verdienste der Kirche um den Bestand der Ehe und Familie sind in der dritten Broschüre dargelegt. Ihre Verdienste um den Staat werden wir in einer folgenden Abhandlung beleuchten. Hier heben wir nur Eins hervor. Die Seele einer jeden Gesellschaft ist die Autorität und nichts in der ganzen Welt leiht der Autorität wirksameren und kräftigeren Schutz, als die katholische Kirche.

Davon waren die Völker des Mittelalters, wo die Kirche ihre Thätigkeit ungestört entfalten konnte, innigst überzeugt. Daher das sonderbare Schauspiel, daß Könige und Städte sich unter den mannigfaltigsten Formen in den Schutz der Kirche begaben. Dasselbe muß von andern bürgerlichen Gesellschaften, den Zünften, Gilden, Bauhütten gesagt werden. Sie waren gewöhnlich zugleich kirchliche Bruderschaften. Ganz besonders gilt das aber von den Corporationen, welche sich die Pflege der Kunst und Wissenschaften zur Aufgabe gemacht hatten. Die Universitäten waren unter dem Schutze der Kirche gegründete literarische Republiken, und auf den Universitäten waren die zahlreichen Collegien und Bursen kirchlich organisirte Corporationen. So hegte und pflegte die Kirche das sociale Leben, dem der römische Absolutismus nicht minder als der germanische Individualismus entgegen waren. Willkür der Herrscher und Willkür der Untergebenen hindern in gleicher Weise das Wohl der Gesellschaften; beide mußten von der Kirche überwunden werden.

22. Wir können das Gesagte noch durch eine Betrachtung der kirchenfeindlichen Bestrebungen bekräftigen. Diese wollten vor Allem die kirchliche Einheit sprengen und rissen Unzählige davon los, denen sie statt der lebendigen Autorität in Glaubenssachen die freie Forschung der Vernunft als das die kirchliche Gesellschaft bildende Princip anpriesen. Das mußte natürlich der Kirche keine Einheit, sondern Auflösung bringen. Die Zertrümmerung der von Gott gestifteten Gesellschaft genügte aber jenen Bestrebungen nicht. Auch die andern kirchlichen Corporationen verloren nach und nach ihre Selbstständigkeit oder wurden gänzlich unterdrückt. Doch nicht einmal hier blieb man stehen. Die Auflösung

wandte sich schließlich gegen die natürlichen Gesellschaften, vor Allem gegen die Familie. Aber auch die Provinzen und Ortsgemeinden büßten immer mehr ihr Selfgovernement ein. Die Zünfte wurden abgeschafft, die Corporationen für Schulzwecke ihrer Freiheit beraubt: alles zu Gunsten des allmächtigen Staates. Doch auch in diesen wurde mit der Revolution die Auflösung getragen. Denn das ist eben das Walten des kirchenfeindlichen Liberalismus: das Leben, das in zahllosen, selbstständigen Organismen webt, zu zerstören, um sein Ideal der Gleichheit zu verwirklichen. Dieses Mittel führt freilich zum Ziele. Denn wenn man erstorbene Organismen auf einen Haufen wirft, wird trotz ihrer früheren Verschiedenheit bald Gleichheit unter ihnen hergestellt: überall ist ja dann dieselbe Fäulniß, dieselbe Verwesung, dieselbe Auflösung. Das dauert so lange, bis höhere Kräfte wiederum die Keime befeuchten und Leben erzeugen. Möchte die Kirche diesen Beruf auch in gegenwärtiger Zeit ausüben, wie sie es beim Beginn des Mittelalters auf den Trümmern der alten Welt gethan hat! Aber sie kann es nur, wenn man sie als eine vollkommene, als eine freie, als eine unabhängige Gesellschaft anerkennt. Darüber nun ein Mehreres.

II. Die Kirche ist nach dem Willen Christi eine vollkommene Gesellschaft.

23. Das beobachtende Genie des Aristoteles entwickelte [1] durch Vergleichung der verschiedenen in der bürgerlichen Ordnung existirenden Gesellschaften: der Familie, der Ortsgemeinde und des Staates, den Begriff einer vollkommenen Gesellschaft. Er erklärte sie als diejenige, die sich selbst genügt, darum anderer zur Erreichung ihrer Zwecke nicht bedarf, sondern die Mittel dazu in sich selbst findet. Gleicherweise reden die scholastischen Commentatoren des großen Philosophen und vielfach auch neuere Rechtslehrer und Canonisten [2]. Der hl. Thomas [3] scheint in seiner Summa eine andere Definition aufzustellen. Ihm ist nämlich eine vollkommene Gesellschaft die, welche weder Theil einer andern ist, noch auch einen Zweck hat, der in den Bereich einer andern fällt. Doch bei näherer Betrachtung wird es offenbar, daß diese Erklärung mit der des Aristoteles auf dasselbe hinausläuft. Denn jede Gesellschaft, die

---

[1] Polit. I, 2.
[2] Tarquini Juris eccl. publici institutiones p. 4.
[3] 1. 2. qu. 90, art. 3. ad 3.

einer andern als Theil untergeordnet ist, genügt nicht sich selbst, sondern ist an diese andere gewiesen, und umgekehrt, jede Gesellschaft, die an eine andere gewiesen ist, in der sie erst die Mittel zur Erreichung ihres Zweckes findet, ist eben dadurch dieser untergeordnet. So fallen beide Erklärungen zusammen. Es fragt sich nun, ob die Kirche eine vollkommene Gesellschaft ist oder vielmehr Theil des Staates, diesem eingefügt, an diesen gewiesen, um die zur Erreichung ihres Zweckes nothwendigen Mittel zu erhalten.

24. Das Wichtigste bei einer Gesellschaft ist ihr Zweck; denn nach ihm muß sich alles Andere richten. Es müssen die Mitglieder nach diesem Zwecke streben, die Mittel entsprechend diesem Zwecke ausgewählt werden und die Vorgesetzten ihre Untergebenen zur Erreichung dieses Zweckes anleiten. Hieraus folgt nun offenbar, daß die Gesellschaften je nach Verschiedenheit ihres sie ganz und gar bestimmenden Endzweckes sich in ihren Beziehungen zu einander ordnen, daß darum Gesellschaften, welchen Gott die Erreichung höherer Zwecke zur Aufgabe gemacht hat, denen, die ein niederes Ziel haben, nicht untergeordnet werden dürfen. Was ist nun der Zweck der Kirche? Ein übernatürlicher: die Erreichung der ewigen Seligkeit im Himmel durch Erhaltung und Uebung der christlichen Religion. Was ist dagegen der Zweck des Staates? Jedenfalls ein bloß natürlicher, da er in der menschlichen Natur begründet ist. Wollte Jemand das bezweifeln, so müßte er läugnen, daß heidnische Reiche, die ganz gewiß keinen übernatürlichen Charakter haben, wahre Staaten im eigentlichen Sinne des Wortes seien. Auch bezieht sich ja der Zweck des Staates, so viel man auch über denselben streiten mag, jedenfalls nur auf das öffentliche Wohl auf Erden. Wenn nun der Himmel der Erde, die ewige Glückseligkeit der zeitlichen, das Uebernatürliche dem Natürlichen unterzuordnen wäre, so fiele auch das Endziel der Kirche in den Bereich des Staatszweckes. Wenn aber die Ungereimtheit dieser Behauptung auf der Hand liegt, so ist auch die Unterordnung der Kirche unter den Staat widersinnig.

25. Dasselbe ergibt sich, wenn wir den Zweck der Kirche noch näher in's Auge fassen. Dieser ist kein anderer als unser letztes Ziel, welches nicht freier Willkür anheimgegeben, sondern von uns mit unbedingter Nothwendigkeit zu erstreben ist. Das gilt nicht nur von dem Einzelnen, sondern auch von der Kirche. Darum war es der Weisheit und Güte des Herrn durchaus angemessen, die Kirche mit allen zur Erreichung dieses so nothwendigen Zieles erforderlichen Mitteln auszustatten

und nicht das ewige Heil der Gläubigen der Willkür der oft feindlichen, unchristlichen Regierungen preiszugeben, mit anderen Worten: die Kirche zu einer vollkommenen Gesellschaft zu machen.

26. Wer die Veranstaltungen des göttlichen Stifters für die Kirche erwägt, wird solches nie bezweifeln. Man bedenke nur, daß er die Kirche geliebt und sich für sie dahingegeben, daß er sie durch seinen Tod erkauft, daß er ihr die Schätze seiner Gnaden und Verdienste, das Erbe seines Wortes und seiner Wahrheit, das Kleinod seines Fleisches und Blutes anvertraut hat. Wie könnte man hiemit die Annahme vereinigen, er habe diese seine glorreiche Braut nicht mit den zu ihrem Zwecke, dem Heile der Menschen, durchaus erforderlichen Mitteln ausgestattet, sie dazu bestimmt, andern als Magd sich zu verdingen, um von deren Gnade jene nothwendigen Mittel zu erbetteln! Auf diese Weise hätte Christus die Ehre seiner Kirche, die Wirksamkeit seiner wunderbaren Veranstaltungen, das ewige Heil der Menschen in Frage gestellt! Nein, wer solches behauptet, hat nie die Liebe Christi zu seiner Kirche, nie die Vatersorge des Heilandes für das Heil seiner Kinder in Erwägung gezogen.

27. Ein weiterer Beweis ergibt sich aus der Betrachtung der von Christus beabsichtigten kirchlichen Einheit. Dieselbe sollte alle Nationen und alle Jahrhunderte umfassen und dennoch so vollendet sein, daß sie auf ihren göttlichen Ursprung hinwies. Eine solche Alles umfassende und doch fest in sich geschlossene Einheit kann weder Theil Eines Staates, noch auch durch Eingliederung in den staatlichen Organismus den vielen, sich stets entgegengesetzten, fortwährend wechselnden Staaten untergeordnet sein; sie durfte darum in der Erreichung ihres Zweckes nicht von dem Willen dieser Staaten abhangen, sondern mußte über dieselben erhaben sein und für sich selbst ein Ganzes, etwas sich selbst Genügendes ausmachen. Was Schwankendem untergeordnet ist, wird selbst dessen Veränderungen erleiden. Eine unwandelbare, allgemeine Einheit darf nicht den immerdar sich ändernden, besonderen Staaten eingegliedert werden.

Aber konnte Christus nicht durch Gründung eines allgemeinen theokratischen Staates das Politische mit dem Kirchlichen verbinden? Allerdings war dieses seiner Allmacht möglich; aber es fragt sich hier nicht, was er konnte, sondern was er wollte. Die Antwort hierauf gibt er uns selbst mit den Worten: „Mein Reich ist nicht von dieser Welt". Er wollte seine Kirche nicht als politischen Staat, er hat mithin keine politische Einheit seiner Gläubigen angestrebt, sondern er ließ vielmehr die vielen irdischen Reiche mit all' ihren unüberwindlichen Gegensätzen bestehen. Das Uebernatürliche hebt ja das Natürliche nicht auf. Demnach hat Christus seine Absicht, alle Menschen zu Einem großen Liebesganzen zu verbinden, offenbar außer und unabhängig von dem politischen Bereiche zu erreichen gesucht, der kirchlichen Einheit mithin auch ganz unabhängig vom politischen Staatensystem Bestand und Mittel gegeben; mit andern Worten: er hat seine Kirche zu einer in ihrer Art vollkommenen Gesellschaft gemacht.

28. Hier müssen wir aber durchaus einem Einwande begegnen, den man aus der gewöhnlichen Vorstellung einer vollkommenen Gesellschaft erhebt. Diese scheint nämlich nicht ohne ein Territorium bestehen zu können. Ein solch' unabhängiges Gebiet ist gewissermaßen die Grundlage einer vollkommenen Gesellschaft, die nothwendige Voraussetzung ihrer Selbstständigkeit. Wo ist aber dieses Territorium der Kirche?

Man darf zur Lösung dieses Einwandes nicht auf den Kirchenstaat hinweisen; denn die Kirche erstreckt sich nur ihrem kleinsten Theile nach auf dieses Gebiet; sie war auch sicher schon eine vollkommene Gesellschaft, bevor sie den Kirchenstaat hatte. Um die Schwierigkeit zu lösen, ist vor Allem der Begriff eines Territoriums genau festzusetzen. Versteht man darunter ein Gebiet, in dem eine Obrigkeit unabhängig schalten und walten kann, so ist ein Land in politischer Beziehung das Territorium des dort bestehenden Staates, in religiöser Beziehung aber das Territorium der Kirche, weil sie dort nach dem Willen ihres göttlichen Urhebers ihre Thätigkeit unabhängig entfalten darf. Hienach ist die ganze Erde das Territorium der Kirche; sie wurde ihr zum Gebiet ihrer durchaus selbstständigen Wirksamkeit von dem übergeben, der von sich sagen konnte: „Mir ist alle Gewalt gegeben im Himmel und auf Erden", und der kraft dieser Gewalt der Kirche die Sendung in alle Länder ertheilte: „Gehet in die ganze Welt, lehret alle Völker." (Matth. 28, 18. 19.)

Verbindet man aber mit dem Worte Territorium ausschließlich die Beziehung auf das Politische, so darf man ein Territorium oder, was dasselbe wäre, die höchste politische Gewalt über ein Gebiet nicht für nothwendig zum Begriff einer vollkommenen Gesellschaft erklären. Denn auch außer dem politischen Bereiche können Gesellschaften existiren, welche in soweit vollkommene Gesellschaften sind, als sie selbstständig alle zu ihrem Zwecke nothwendigen Mittel haben, die aber der höchsten politischen Macht entbehren, eben weil diese kein zu ihrem nicht politischen

Zwecke nothwendiges Mittel ist. Die Gegner gehen immer von der Vorstellung aus, als ob die politische Gewalt auf ihrem Territorium jede andere absorbire. Das ist aber falsch. Oder schaltet und waltet nicht im häuslichen Kreise die väterliche Gewalt, ohne ein Ausfluß der politischen zu sein? Die letztere schließt also nicht nothwendig von ihrem Territorium jede andere Gewalt aus. Es können mithin in demselben Land eine höchste politische und eine höchste geistliche Gewalt, eine vollkommene Gesellschaft in politischer und eine vollkommene Gesellschaft in religiöser Beziehung zusammen bestehen.

29. Nach dem Gesagten können wir kurz die banale Phrase abmachen, welche die Gegner beständig im Munde führen: es darf kein Staat im Staate sein. Denn nimmt man das Wort Staat im gewöhnlichen Sinne des Wortes für eine politische Gesellschaft, so läugnen wir, daß die Kirche ein Staat ist; versteht man aber darunter im weitern Sinne jede vollkommene Gesellschaft, so wird kein Vernünftiger einen Widerspruch darin finden, daß eine Gesellschaft die höchste Gewalt in politischen, eine andere dieselbe in religiösen Dingen hat [1].

Aber die Kirche bedarf für ihren Gottesdienst der irdischen Dinge, die als solche ganz und gar dem Staate unterworfen sind. Sie genügt also nicht sich selbst, ist folglich keine vollkommene Gesellschaft.

Dieser Einwand hat etwas Verfängliches, weil er geschickt Wahres

---

[1] Auch Optatus spricht nicht für die Gegner, obwohl eine Stelle desselben (Lib. II. de Schismate) von den Gallikanern gerne gegen die Vollkommenheit der kirchlichen Gesellschaft angeführt wird. Der Kirchenschriftsteller sagt dort: „Nicht der Staat (res publica) ist in der Kirche, sondern die Kirche im Staate, d. i. im römischen Reiche, wo Priesterthum und Keuschheit und Jungfräulichkeit heilig (unverletzlich) geachtet werden, welche bei den Barbaren nicht sind, oder wenn sie dort wären, nicht sicher sein könnten." Abgesehen davon, daß ein einzelner Satz eines Kirchenschriftstellers gegen die Wolke von gegentheiligen Zeugnissen gar nichts beweiset, sagt die Stelle im Zusammenhang gar nicht das, was die Gegner hineinlegen. Sie macht nur auf ein thatsächliches Verhältniß aufmerksam, das damals stattfand, später aber aufhörte. In jenen Zeiten bestand nämlich die Kirche fast nur im römischen Reiche, das aber durchaus nicht in der Kirche aufging, da ein großer Theil seiner Bewohner noch heidnisch war. Aus diesem thatsächlichen Verhältniß ergab sich die Nothwendigkeit einer großen Rücksicht gegen den römischen Kaiser, und das um so mehr, als er das Christenthum mit seinen Einrichtungen schützte. Nur diese Schlußfolge will Optatus ziehen; denn er argumentirt daraus gegen die Donatisten, sie hätten sehr ungeziemend gehandelt, die Geschenke des Kaisers zurückzuweisen; er will aber in keiner Weise sagen: die Kirche sei keine vollkommene Gesellschaft, sondern nur ein Theil der politischen und dieser untergeordnet.

und Falsches durcheinander wirft. Um so schärfer müssen wir deßhalb zusehen.

30. Die Kirche kann allerdings ohne alle irdischen Güter nicht bestehen, aber wir läugnen, daß sie dieselben nur vom Staat empfangen und nur durch die Gnade des Staates behalten kann. Wie die Mitglieder des Staates zu staatlichen Zwecken beitragen müssen, so auch die Mitglieder der Kirche zu kirchlichen Zwecken, und selbst dann, wenn der Staat dieselben dazu nicht anhalten will, hat die Kirche noch immer moralische Mittel genug, um ihre Kinder wenigstens zur Darreichung der zur Existenz und Wirksamkeit ihrer Mutter nothwendigen Dinge zu bewegen.

Nichts in der Welt nämlich wird die Liebe zur Kirche und die Ehrfurcht vor ihrer Gewalt aus den Herzen aller Gläubigen reißen können. Darum wird es immer Katholiken geben, die, auch ohne von der Polizei gezwungen oder mit dem Kerker bedroht zu werden, aus freiesten Stücken der Kirche das Nothwendige reichen. Geschieht dieses nun durch Schenkungen oder Beiträge, so ist der Staat heilig verpflichtet, die von der Kirche und den kirchlichen Personen durch solche Freigebigkeit erlangten Rechte zu schützen. Freilich sind, wie die Menschen, so auch die irdischen Güter in sofern dem Staate unterworfen, als ihre Besitzer zu Staatszwecken beitragen, und in Betreff des Eigenthums die Staatsgesetze achten müssen; aber es wäre grundfalsch, darum den Staat zum Eigenthümer alles dessen zu machen, was in seinen Marken liegt. Auch die Kirche wäre sonst Eigenthümerin aller Güter ihrer Kinder, weil diese zu kirchlichen Zwecken beitragen, und im Gebrauche ihrer Güter die von der Kirche verkündeten und gehandhabten Sittengesetze heilig halten müssen. Ebenso wenig als die Kirche kann auch der Staat mit den Gütern seiner Angehörigen nach Willkür und Belieben schalten und walten; er muß dem Rechte der Eigenthümer, mithin auch dem der kirchlichen Personen seinen Schutz angedeihen lassen, und diese Unverletzlichkeit des Eigenthums sichert so der Kirche auch dem Staate gegenüber ihre Selbstständigkeit.

31. Aber kann der Staat nicht seine Pflicht vernachlässigen, ja sogar die Kirche ihrer Güter berauben? Gewiß, aber was folgt daraus? Kann man nicht dieselbe Frage in Betreff des Staates stellen? Kann nicht seine Marken ein fremder Fürst angreifen und ihn seiner Besitzungen berauben? Wenn die Vollkommenheit einer Gesellschaft es durchaus erheischte, daß keine Macht auf Erden existirte, die ihr Gebiet und ihre

Güter wegnehmen könnte, so gäbe es keinen Staat auf Erden. Denn welcher Fürst ist einer großen Coalition fremder Mächte gewachsen, denen es gelingt, ihn in seiner politischen Stellung zu isoliren? Wer schützt ihn vollends auf alle Fälle vor Revolution im eigenen Lande?

Doch wir können auf jene Frage noch mehr antworten. Denn sicher hat die Kirche für die ihrer Existenz und Wirksamkeit durchaus nothwendigen Güter mehr Garantie, als irgend ein Staat für die seinigen. Das für die kirchlichen Bedürfnisse durchaus nothwendige Gut nämlich ist so gering, und die Kirche kann es, selbst wenn der Staat ihrem Eigenthumsrechte seine Anerkennung versagt, unter so mancherlei Formen besitzen und erhalten, daß es schwerlich einer Regierung gelingen wird, sie vollständig aller nothwendigen Dinge zu berauben. Sollte dieß aber dennoch wirklich in einem Lande geschehen und die Kirche dort völlig unterdrückt werden, so bedenke man doch nur die ungeheure Aus= dehnung der über die ganze Erde ausgebreiteten Kirche, man erwäge ferner die große Liebe und Anhänglichkeit ihrer zahllosen Kinder, und man wird gestehen müssen, daß es keine Macht auf Erden gibt, welche die ganze Kirche der zu ihrer Existenz und Wirksamkeit nothwendigen Mittel berauben könnte. Hiezu kömmt der Schutz, den Gott der Kirche für ihr Leben und Wirken und mithin auch für die ihr nothwendigen Mittel verheißen. Wer diese rauben will, muß also nicht mit Menschen allein, sondern mit dem Allmächtigen ringen. So lange er dessen ewigen Thron nicht zum Wanken bringt, so lange wird auch dessen Braut, die Kirche, die ihr nothwendigen zeitlichen Güter haben. Sie verdient deß= halb auch in Betreff der irdischen Dinge mit größerem Rechte den Na= men einer vollkommenen Gesellschaft, als irgend ein Staat der Welt.

32. Es läßt sich jedoch gegen die Vollkommenheit der kirchlichen Gesellschaft noch ein erheblicher Einwand machen. Wir wollen denselben ohne Rückhalt offenbaren. Dazu zwingt uns nicht minder die Liebe zur Wahrheit, als die klare Einsicht, daß nichts mehr zum Verständniß der Dinge beiträgt, als die Ebnung aller Schwierigkeiten.

Die Kirche bedarf des Schutzes und der Unterstützung von Seiten des Staates, soll sie ihre Wirksamkeit in dem den Absichten ihres gött= lichen Stifters entsprechenden Maße entfalten. Sie ist mithin keine vollkommene Gesellschaft; denn eine solche hat alle zu ihrem Sein und ihrer Wirksamkeit erforderlichen Mittel in ihrer Gewalt.

Zur Lösung dieses Einwurfes diene Folgendes: Eine Gesellschaft kann ihren Zweck in verschiedener Weise erreichen; ja es gibt hierin so

viele Stufen der Vollkommenheit, daß es rein unmöglich ist, die aller=
höchste zu erklimmen. Aber das gehört auch nicht zum Wesen eines
Dinges. Es genügt vielmehr dazu, daß es, wie immer, seinen Zweck
erreichen kann. Hat mithin eine Gesellschaft alle Mittel in sich, ohne
Beihülfe einer andern zu existiren und ihren Zweck, wenn auch minder
gut, zu erreichen, so ist sie eine vollkommene Gesellschaft (societas perfecta im technischen Sinne des Wortes). Die Kirche kann nun ohne
den Staat ihr Ziel genugsam erreichen. Deßhalb ist sie eine vollkom=
mene Gesellschaft. Aber sie kann ihren Zweck ohne Mitwirkung des
Staates nicht mit der Vollkommenheit verwirklichen, wie ihr göttlicher
Stifter es will. In sofern ist sie allerdings nicht absolut vollkommen,
noch absolut vom Staate unabhängig. Aber solche Vollkommenheit und
Unabhängigkeit hat kein Ding auf Erden. Gott wollte die gegenseitige
Abhängigkeit und Hülfeleistung Aller, um auf diese Weise besser die groß=
artige Einheit Aller zu verwirklichen, die ihm bei der Erschaffung vor=
schwebte. Insbesondere kann auch der Staat sich zu seiner von Gott be=
absichtigten Vollkommenheit nicht ohne die Kirche erheben. Allerdings
vermag er ohne die christliche Religion zu bestehen und wie immer seinen
Zweck zu erreichen (die heidnischen Staaten beweisen dieses), aber er
kann nicht ohne die Kirche alles Gute verwirklichen, was Gott durch ihn
wirken möchte und was zum Heile der Menschen so nothwendig ist. Der
Staat ist darum eine societas perfecta, auch wenn er nicht christlich ist,
aber nichtsdestoweniger in Bezug auf die von Gott gewollte
Erreichung des öffentlichen Wohles an die Kirche ge=
wiesen.

In diesen gegenseitigen Abhängigkeiten beider Gewalten und Ge=
sellschaften haben die Päpste mit Recht einen Rathschluß der unendlichen
Weisheit Gottes gesehen [1].

Aber wir haben uns mit dieser Frage schon lange genug aufge=
halten, sie wird zudem durch den folgenden Satz noch weiter aufgehellt
werden, auf den wir jetzt, wegen seiner größten Wichtigkeit, unsere ganze
Aufmerksamkeit lenken müssen.

---

[1] Gelas. l. lib. de anath. bei Roskovany l. c. l. p. 8. Siehe auch Philip's
Kirchenrecht II., 505 ff.

III. Die Kirche ist nach dem Willen Christi eine völlig freie Gesellschaft.

33. Freiheit und Unabhängigkeit ist die Folge, aber auch das sicherste Kennzeichen einer vollkommenen Gesellschaft. So wie darum unser Satz in dem vorigen bereits bewiesen ist, so erhält auch dieser neues Licht aus der gegenwärtigen Untersuchung. Dieselbe wird jedoch selbstständig ihr Ziel verfolgen, um über allen Zweifel die Wahrheit festzustellen: Gott will die Freiheit seiner Kirche.

Die Gegner der kirchlichen Freiheit sind zahllos und ihre Systeme haben die verschiedenartigsten Schattirungen. Der letzte Grund aller dieser Versuche ist Stolz und Ehrgeiz. Auf fürstlichem Throne wird der Mensch leicht von der Herrschsucht hingerissen; Schmeichler umgaukeln ihn, der Glanz der Krone bethört ihn.

> . . . . Ein ungeheurer Spalt
> Reißt vom Geschlecht der Sterblichen ihn los,
> Und Gott ist heut', wer gestern Mensch noch war.
> Jetzt hat er keine Schwächen mehr. Die Pflichten
> Der Ewigkeit verstummen ihm. Die Menschheit
> Verkauft sich selbst und kriecht um ihren Götzen.   (Schiller.)

Dieses erklärt uns, wie auch gläubige Fürsten sich verleiten lassen konnten, der christlichen Wahrheiten und der kirchlichen Strafen nicht zu achten und die Hand zu frevelhafter Knechtung ihrer Mutter, der Kirche, auszustrecken. „Es ist sprüchwörtlich“, sagte schon Ambrosius, „daß die Kaiser mehr nach der priesterlichen Gewalt, als die Priester nach der kaiserlichen trachten.“

Aber die Initiative zur Unterjochung der Kirche ging nicht immer von den Herrschern aus, öfter noch waren es andere ehrgeizigen Menschen, welche durch die Fürsten kirchliche Würden und Aemter zu erlangen suchten und ihnen deßhalb den ungemessensten Einfluß auf die Kirche beilegten. Was hat man nicht schon gethan, um Stellen zu erjagen?

Oder es lehnte sich der leidige Stolz gegen die von Gott gesetzte Autorität, besonders gegen den Papst, auf. In diesem Falle tritt fast mit Nothwendigkeit ein, daß man sich bei seinem Unternehmen auf den Staat zu stützen sucht. Es verhält sich hiemit, wie mit dem menschlichen Herzen, das den Schwerpunkt seiner Liebe nicht in sich selbst findet. Will es Gott nicht liebend dienen, dann zieht das Gewicht seiner Liebe es zu den Geschöpfen hin und läßt es diesen fröhnen. So werden die christlichen Gemeinden, die das Joch Christi abwerfen, von den Sklavenketten des Staates umstrickt.

34. Geschieht nun dieses aus irgend welchem Grunde, so kommt nachher die Theorie, um die Vergewaltigung der Kirche durch den Staat zu rechtfertigen. In unserer Frage war dieß äußerst schwer den ausdrücklichsten Zeugnissen Christi und des ganzen christlichen Alterthums gegenüber. So lassen sich die Mannigfaltigkeit und die gegenseitigen Widersprüche jener Versuche erklären. Die Wahrheit ist nur Eine, der Irrthum aber vielfältig. Hier eine kurze Charakteristik des letztern, so schlecht sie auch bei seiner maßlos schillernden Gestalt gelingen mag.

35. Einige unserer Gegner geben der weltlichen Obrigkeit eine directe, andere nur eine indirecte Gewalt über die kirchlichen Angelegenheiten. Um die directe Gewalt über die Kirche zu begründen, schlug man verschiedene Wege ein. Am leichtesten machten es sich die, welche die religiöse Gesellschaft durchaus nicht von der politischen unterscheiden und darum behaupten, die weltliche Obrigkeit habe ihrer Natur nach zugleich Autorität in rein religiösen Dingen. Es ist dieß freilich die heidnische Ansicht, der gemäß der römische Kaiser zugleich Oberpriester (Pontifex maximus) war. Daß man sie mit einigen Bibeltexten zu belegen suchte, darf uns nicht wundern; was suchte man nicht schon damit zu beweisen? Auch die Gnostiker und Manichäer beriefen sich für ihre Fabeln auf die heilige Schrift. Wer sich einmal in eine Ansicht verrannt hat, ruft Himmel und Erde als Zeugen für dieselbe auf.

36. Diese heidnische Ansicht schlich sich bei der Fortdauer des alten Kaiserthums in die orientalische Kirche ein. Es konnte das um so leichter geschehen, als der irdische Glanz und die fabelhafte Pracht jener Kaiser jede andere Würde verdunkelte, und der knechtische Sinn unter den Orientalen, selbst bei vielen Bischöfen, unglaublich groß war. Auf diese Weise entwickelte sich der Byzantinismus bis zur völligen Knechtung der Kirche. Spätere Griechen leiteten die Gewalt des Kaisers in religiösen Dingen aus der Salbung her, welche ihm der Patriarch ertheilte.

Auch im Abendland tauchte diese Ansicht von der kirchlichen Suprematie der Fürsten in ungemessenster Weise auf, als der Protestantismus nach Verwerfung der kirchlichen Autorität sich ganz an den Staat anlehnen mußte. Am unumwundensten ist sie im Territorialsystem entwickelt worden. Ihre Spitze war der bekannte Grundsatz: Cujus regio, ejus religio. Wem das Land gehört, dem untersteht auch die Religion.

Andere stellten sich zur Vertheidigung der landesherrlichen Gewalt ganz auf historischen Boden, indem sie das sogenannte Episkopalsystem entwickelten. Sie behaupteten, die bischöfliche Jurisdiction sei durch den Augsburger Religionsfrieden für die protestantischen Länder suspendirt und damit auf die Fürsten übergegangen. Aber diese Behauptung setzt offenbar voraus, was zu beweisen ist. Denn auch der deutsche Reichs= tag war nur eine weltliche Obrigkeit. Wie konnte derselbe also die bischöfliche Jurisdiction suspendiren und auf die Landesherrn übertragen, wenn die weltliche Obrigkeit keine Gewalt über kirchliche Angelegen= heiten hatte?

37. Andere gingen von dem Grundsatze aus: in jeder Gesellschaft gehe ursprünglich jedwede Obergewalt von der Menge aus, also auch ruhe sie bei der Kirche in der Gemeinde, im Volke. Man habe dann die kirchliche Gewalt auf die Fürsten übertragen, entweder weil sie die von Gott gesetzten Repräsentanten des Volkes seien, oder dieses angeb= lich seine Zustimmung dazu gegeben habe, oder endlich weil das am zweckmäßigsten und natürlichsten gewesen sei. Dieser Weg wurde schon von den Anhängern Ludwigs des Bayern, Marsilius de Padua und Johannes de Janduno, angebahnt, dann eifrig von Protestanten, beson= ders den Reformirten betreten, ja auch, wenn gleich nicht in derselben schroffen Weise, von dem Gallicaner Richer eingehalten. Das System stimmt auch vortrefflich zu der Ansicht vieler Liberalen unserer Zeit, welche Alles in dem allmächtigen Staate aufgehen lassen und nur an die Stelle des Fürsten die Kammern setzen. Wirklich entwarf die französische con= stituirende Versammlung, das Vorbild der Liberalen, 1790 eine Con= stitution des Klerus, welche die gesammten Verhältnisse der französischen Kirche regeln sollte, und übte somit thatsächlich die größte directe Gewalt über kirchliche Verhältnisse aus.

38. Gewöhnlich schämt man sich jedoch heutiges Tages, wo Alles von Gewissensfreiheit und Toleranz überfließt, dem Staate eine directe Gewalt über die Kirche beizulegen; es wird im Gegentheil von den ärgsten Feinden der kirchlichen Freiheit am stärksten für die Freiheit der Kirche in die Trompete gestoßen; „die freie Kirche im freien Staate" ist ihr Losungswort. Nichts kennzeichnet ja mehr den modernen Libera= lismus als sein heuchlerisches Phrasenthum. Man nimmt deßhalb zu andern Systemen seine Zuflucht, die den Worten nach der Kirche ihre Freiheit sichern, in der That aber dieselbe völlig untergraben. Hiezu gehört vor allem die Unterscheidung zwischen innern und äußern An=

gelegenheiten der Kirche. Nur die erstern, sagt man, gehören zu dem der Kirche eigenthümlichen Gebiete; darin sei denn auch die Kirche völlig frei; die äußern Angelegenheiten dagegen gehören zur Domaine der Staatsgewalt. Dieselben konnte man nun nach Belieben ausdehnen und so die gesammte Wirksamkeit der Kirche meistern, welche, wie die Thätigkeit einer jeden Gesellschaft, nothwendig nach außen sich kund gibt.

39. Andere gelangen zu demselben Resultate in folgender Weise. Sie legen dem Staate das Recht bei, alles dem Gemeinwohle Schäd= liche oder Gefährliche zu beseitigen (jus cavendi), und dehnen dieses Recht so weit aus, daß es dem Staate ganz und gar frei steht, alles Mißbeliebige darunter zu verstehen. Dann sind sogar die Werke der Barmherzigkeit, der Unterricht der Jugend, die Spendung und die Ver= weigerung der Sacramente, selbst das stille Beten und Büßen einer Nonne staatsgefährlich und dem gemeinen Wohle verderblich. Die ge= sammte Thätigkeit der Kirche wird auf diese Weise der weltlichen Ge= walt unterworfen. Dabei können diese Leute prahlen, sie schrieben dem Staate keine directe Gewalt über die Kirche zu. Indessen ist die in= directe, die sie ihm beilegen, so groß, daß sie alle Freiheit der Kirche untergräbt.

Das **Jus cavendi** hat übrigens etwas Gehässiges, weil es voraus= setzt, die Kirche, gegen welche man sich so hüten müsse, sei dem Staate gefährlich oder gar feindlich. Das gallicanische System und seine Aus= läufer vermeiden diese Gehässigkeit, indem sie das königliche Schutzrecht betonen. Die Kinder, und besonders die allerchristlichsten, müssen ja ihre Mutter, die Kirche, schützen, wer darf das bezweifeln? Freilich, aber anders muß ein Sohn seine Eltern beschützen, anders ein Vormund sei= nen Mündel. In letzterem Sinne faßten die Gegner das königliche Schutzrecht über die Kirche auf, und demgemäß wurde sie ganz unter die Aufsicht des Staates gesetzt, so daß sie nichts ohne seine Genehmigung vornehmen durfte. Abscheuliche Heuchelei, die unter dem Scheine kind= licher Liebe die Mutter knechtet und knebelt, die unter dem Vorwande, die Freiheiten der Kirche zu vertheidigen, dieselben in der schmählichsten Weise vernichtet!

40. Wir sind hiemit zu den sogenannten gallicanischen Freiheiten gekommen. Nach dem Systeme der Gegner waren sie ursprünglich der ganzen Kirche dem Papst gegenüber eigen gewesen, doch durch die Ver= gewaltigung Roms überall abhanden gekommen. Frankreich allein war

das glückliche Land, das seine Freiheit bewahrte, indem es die alten Canones und Gewohnheiten der Kirche gegen die vom Papste beliebten Veränderungen sorgfältig schützte. Der allerchristlichste König habe nun die Gesetze und Gewohnheiten der französischen Kirche zu wahren und zwar, was die Spitze des Gallicanismus ausmacht, nicht nur auf Requisition der kirchlichen Behörden zur Vollstreckung ihrer Anordnungen und Urtheile, sondern gerade gegen die höchste kirchliche Autorität, den Papst. Zu diesem Behufe schrieben die Gallicaner dem Fürsten zwei Rechte zu: das Placet oder Exequatur, in Folge dessen keine päpstliche Verordnung ohne Genehmigung des Königs in Frankreich gelten sollte, und die appellatio ab abusu, gemäß welcher man von den päpstlichen Verfügungen wegen Mißbrauches der Amtsgewalt an die weltliche Behörde appelliren dürfe. Unter diese Vormundschaft stellte man folgerichtig nicht nur den Papst, sondern auch die Bischöfe, gegen deren Hirtenbriefe und Urtheilssprüche gleichfalls das Recht des Placet und der Recursus ab abusu ausgeübt wurde, und so knechtete der Staat die gesammte kirchliche Jurisdiction unter dem Namen der gallicanischen Freiheiten.

41. Der Gallicanismus und die modernen liberalen Systeme brandmarken sich von vornherein als falsch durch den grellen Widerspruch, den sie in sich schließen. Unter dem Vorgeben, die Freiheit der katholischen Kirche in Schutz zu nehmen, schmieden sie dieselbe in Sklavenketten. Kann auf Wahrheit beruhen, was einen solchen Widerspruch in sich birgt? Warum schützt man auch die kirchliche Freiheit vor, wenn nicht das Recht der Kirche auf Freiheit so einleuchtend wäre? Man könnte den Gegnern zurufen: Ei, wenn euch so viel an der freien Kirche liegt, so macht einmal Ernst damit; nehmt nicht der Kirche mit der einen Hand, was nach euren Worten die andere ihr großmüthig verliehen hatte! Wenn ihr aber doch euer Vorhaben ausführen wollet, so werfet die heuchlerische Maske ab; saget offen: die Freiheit der Kirche, die Freiheit des Gewissens, die Freiheit des Cultus ist eine Chimäre, oder wenn dieselbe Sinn hat, darf sie nur den Sekten, den Juden, den Mormonen, den Materialisten gestattet werden, nie und nimmer aber den Katholiken. Das wäre wenigstens ehrlich gesprochen; aber eine solche Sprache würde euch in Aller Augen brandmarken.

Mit diesen Worten könnte man kurz die Gegner abfertigen, aber weil ihr Irrthum so weit verbreitet und der Grund aller andern Irrthümer über das Verhältniß von Kirche und Staat ist, wollen wir sie stufenweise widerlegen. Wir behaupten demnach: 1) die Kirche ist nach dem Willen Christi gänzlich frei und unabhängig in ihrem Sein, 2) in ihrer Wirksamkeit.

42. Nach Gottes Absicht mußte die Unabhängigkeit der Kirche vom Staate so vollständig sein, daß sie auch gegen den erklärtesten Willen desselben entstehen und bestehen sollte.

Die Gründung der Kirche wurde von Christus durch seine Predigt, seine Wunderthaten, seinen Tod am Kreuze vorbereitet und durch die Sendung des hl. Geistes vollendet. Wie nun? Hat Christus zu seinem Lehramte Erlaubniß vom Staate begehrt? Dann hat er vermuthlich auch zu seinen Wunderthaten das Placet oder Exequatur nachgesucht. Doch Scherz bei Seite. Schon sein Erscheinen in der Welt schien dem Herodes staatsgefährlich und vollends sein Wirken gefiel der Obrigkeit so wenig, daß diese ihn deßhalb verfolgte, ja an's Kreuz schlug, und es war gerade die Gründung eines Reiches, die Anmaßung der höchsten, unabhängigen (königlichen) Gewalt, welche den plausibeln Grund für die Hinrichtung darbot.

43. Wie die Vorbereitung, war auch die Gründung der Kirche ganz und gar unabhängig vom Staate. Christus gab dazu den Aposteln den Auftrag, kraft göttlicher Gewalt und Sendung, nicht kraft allerhöchster obrigkeitlicher Bewilligung: „Wie mich der Vater gesandt, so sende ich Euch." Freilich gebot er ihnen, vor Erfüllung des Auftrages noch kurze Zeit in Jerusalem zu bleiben, aber nicht um die Vollmacht von Seiten des heidnischen Landpflegers oder des jüdischen Synedriums zu erbitten, sondern um der Ankunft des hl. Geistes zu harren, damit sie, mit göttlicher Kraft erfüllt, alle Hindernisse von Seiten der Menschen und insbesondere von Seiten der jüdischen und heidnischen Obrigkeit überwinden könnten. Wie nothwendig eine solche übermenschliche Stärkung war, zeigte bald der Erfolg. Kaum hatten die Apostel zu predigen angefangen, als sie auch wiederholt in's Gefängniß geworfen und vor den hohen Rath geschleppt wurden. Man verbot ihnen durchaus zu lehren im Namen Jesu; sie erwiderten aber immer: „Man muß Gott mehr gehorchen als den Menschen," und hörten, obwohl gegeißelt, nicht auf, mit dem größten Freimuth zu predigen.

44. Alles dieses war nur das Vorspiel zu größern, blutigern Verfolgungen, die sich seit jenen Tagen überall wiederholten, wo das Christenthum eingeführt wurde. Das römische Weltreich begann den Riesenkampf mit der kaum entstandenen Kirche und suchte sie in Strömen Blutes zu ersticken. Was es Schreckliches gab, wurde gegen sie aufge-

boten: Folter, Rad und Feuer; Löwen und Tiger wurden aus den Wüsten Afrika's herbeigeholt, um unter dem Beifallsklatschen des römischen Senates und Volkes die Christen zu zerreißen.

Man glaube ja nicht, daß solche Ermordungen immer tumultuarisch geschahen; es wurden vielmehr häufig alle vom Gesetze vorgeschriebenen Formen der Gerichtspflege eingehalten. Da ward denn auf die gesetzlichen Verbote, auf das Staatsgefährliche des Christenthums, auf die Pflicht des Gehorsames, kurz auf alle Gründe aufmerksam gemacht, welche die Gegner für ihre Ansicht vorschützen. Aehnliches geschah in neuerer Zeit in China und Tonking. Selbst die Wilden schützten bei Ermordung der Missionäre die Staatsraison vor, z. B. den Schaden, den der Stamm erlitt, weil er nicht mehr Menschenfleisch an die Caraiben verkaufen könnte. (Weltbote III.) Doch genug. Nichts ist ja bekannter, als daß die Kirche gestiftet wurde gegen den Willen der weltlichen Fürsten.

45. Mit Flammenzügen hat also die Geschichte der Gründung der Kirche den Beweis verzeichnet, daß dieselbe vermöge göttlicher Kraft und Vollmacht ein vom Staat unabhängiges Sein erhalten habe. Sie gibt aber auch den Katholiken die kräftigsten Beweggründe, für diese Unabhängigkeit mit Gut und Blut einzustehen.

Weit mehr als Worte und Manifeste entflammt zum Kampfe für die Freiheit des Vaterlandes dessen glorreiche Geschichte und das hehre Beispiel der Vorfahren. Aber für kein Land ist so viel Blut geflossen, für kein Land sind so viele Helden erstanden, für kein Land hat eine so allgemeine, so anhaltende Begeisterung die Gemüther ergriffen, als für die Kirche. Weit mehr noch als von der Freiheit des Vaterlandes gilt von der Unabhängigkeit der Kirche das schöne Wort des Dichters:

> Glimmend durch lange Schmerzen
> Hat sie der Tod verklärt,
> Aus Millionen Herzen
> Mit edlem Blut genährt.

Freilich wären, wenn die Theorien der Gegner auf Wahrheit beruhten, jene glorreichen Apostel und Martyrer Revolutionäre, die den ausdrücklichsten Verboten des Staates zum Trotz thätig gewesen; Christus selbst hätte ihnen die Fahne der Empörung vorausgetragen, da er, obwohl sonst den Gehorsam bis auf das Höchste treibend, in der Verkündigung seiner Lehre der Obrigkeit widerstand und lieber sterben, als davon ablassen wollte; wir müßten das Blut des neuen Bundes, das uns erlöste, für befleckt halten, über die Männer, welche mit Aufopferung ihres Lebens die Segnungen des Evangeliums verbreiteten, das Urtheil der Verwerfung fällen. Doch halten wir ein mit diesen Lästerungen; nie wird das christliche Volk, nie die Vernunft denselben beistimmen. Gott hat also die christliche Kirche ganz unabhängig vom Staate, ja wider dessen Willen in's Leben gerufen.

46. Wie der Ursprung, sollte auch die Fortdauer der Kirche ganz unabhängig vom Staate sein. Denn da Christus einerseits wollte, daß seine Kirche bis zum Ende der Zeiten fortbestünde, andererseits aber voraussah, daß die Staaten, im ewigen Wechsel begriffen, bald in freundliches, bald in feindliches Verhältniß zu ihr treten würden, so mußte er wollen, daß dieselbe in ihrer Fortdauer durchaus unabhängig vom Staate sei. Die Geschichte hat auch dieses unumstößlich dargethan, so oft Häresie und Unglaube der schon bestehenden Kirche den Untergang drohten.

Constantius vereinigte nach Constantin wiederum die gesammte Macht der römischen Cäsaren; er wandte sie an, um die Kirche zum Arianismus zu verführen. Der Kampf war gewaltig, er entbrannte auf allen Punkten der Christenheit und war um so gefährlicher, weil er mehr mit List als mit Gewalt geführt ward. Schon hatte es den Anschein, als ob die Kirche verloren wäre, als ob die Wellen das Schifflein Petri überfluteten und in den Abgrund des Meeres versenkten. Doch der gewaltige Sturm legte sich; es ward offenbar, daß die Kirche auf einen Felsen gegründet ist. Nicht minder groß waren die Anstrengungen der Monophysiten, Monotheleten und Bilderstürmer. Sie alle gewannen die griechischen Kaiser für ihre Sache, während das Abendland von rohen, gar nicht oder kaum erst zum Christenthum bekehrten und noch dazu meist arianischen Völkern überschwemmt und verheert ward. Es war ein gewaltiges Ringen und Kämpfen zwischen der Kirche und ihren Gegnern, und so hoch stiegen die Gefahren und Trübsale, daß Viele bereits die Zeiten des Weltendes nahe glaubten. Aber die Kirche ging glorreich aus diesem Kampfe hervor. Es wurden freilich Gewalt und Kerker durch die weltliche Obrigkeit gegen sie angewandt; es floß das Blut hochherziger Martyrer; mehrere Päpste wurden in's Elend geschleppt und erlagen der grausamen Behandlung. Aber die Freiheit der Kirche blieb bestehen, nicht nur ohne Hülfe des Staates, sondern trotz seiner Verfolgungen.

Als nach der Bekehrung der abendländischen Völker zum katholischen Glauben die römische Kaiserkrone das Haupt katholischer Fürsten deutscher Abkunft schmückte, hörten allerdings die Versuche von Seiten des Staates zur Vernichtung der ganzen Kirche auf, aber um so schlimmer wüthete der Kampf in einzelnen Ländern, und es gelang in der That oft der Gewalt zu siegen und auf diese Weise laue oder unwissende Völker von der Kirche loszureißen. Was beweist aber dieses gegen den Bestand der Kirche? Wenn im Herbste der Nordwind durch den Wald daher braust, schüttelt er wohl die dürren Blätter und die abgestorbenen Aeste von der gewaltigen Eiche, aber der mächtige Stamm trotz allem Unwetter treibt im Frühling nur um so lebenskräftiger Laub und Zweige hervor. So verhält es sich auch mit der Kirche. Im 16. Jahrhundert sah sie die Trennung vieler ihrer Glieder, sie begann aber um dieselbe Zeit, Tausende von Missionären in die neuentdeckten Länder zu senden, welche andere Völker ihr zuführten. Zugleich entwickelte sie in ihrem Innern das kräftigste Leben, wie selten oder nie zuvor. Der Bestand der Kirche ist — das erhellt auf's Klarste aus der Geschichte — unabhängig vom Staate; so hat es Christus angeordnet und wir sehen ihn fort und fort diese Anordnung verwirklichen.

48. Viele Gegner räumen ein, die Kirche sei frei in ihrem Sein; sie läugnen aber die Unabhängigkeit der Kirche in ihrer Wirksamkeit. Doch diese treten mit sich selbst in Widerspruch. Denn wie die Wirksamkeit dem Sein eines Wesens folgt, so entspricht auch die Weise der Wirksamkeit der Weise des Seins. Ist darum das Sein der Kirche völlig unabhängig vom Staate, so muß es auch ihre Wirksamkeit sein. Diese Folgerung ergibt sich aber noch aus einer anderen Bemerkung.

Der Bestand der Kirche hängt nämlich ganz und gar von ihrer Thätigkeit ab, von der Predigt ihrer Lehre, von der Ausspendung ihrer Sacramente, von der Erhaltung ihrer Zucht und Disciplin. Könnte der Staat diese Thätigkeit verkümmern oder aufheben, so könnte er auch das Leben der Kirche verkümmern oder ertödten. So unabhängig mithin das Sein und Leben der Kirche ist, so unabhängig ist auch ihre Wirksamkeit. Doch wir wollen das wegen der Wichtigkeit der Sache eingehender erörtern.

49. Wir können eine doppelte Thätigkeit in der Kirche unterscheiden: das Wirken der Glieder zum gemeinsamen Zwecke und die Thätigkeit der Obern, wodurch dieses Wirken ermöglicht und geleitet wird. Die Freiheit des Einen bedingt die Freiheit des Andern; wenn die Mitglieder frei und unabhängig vom Staate nach dem Ziele der Kirche streben können, so darf auch keine weltliche Obrigkeit sich in die Thätig-

keit der kirchlichen Obern einmischen, und demgemäß haben diese die Befugniß, frei und unabhängig von allen äußern Einflüssen die Mitglieder zu jenem Endzwecke zu leiten. Aber auch umgekehrt; wenn die kirchlichen Obern frei und unabhängig die Untergebenen regieren dürfen, haben auch diese dem Staat gegenüber die freieste Befugniß, der kirchlichen Leitung zu folgen. Es genügte daher, Eines von Beidem zu beweisen, weil sich aus dem Einen mit Nothwendigkeit das Andere ergibt. Wir wollen Beides thun. Das ist eben das Schöne in dem Systeme der katholischen Wahrheit, daß Alles eng mit einander verkettet ist, sich gegenseitig trägt und nichtsdestoweniger jeder einzelne Ring für sich befestigt werden kann. Es ist das eines der sichersten Zeichen der Wahrheit: ihre Harmonie mit andern Wahrheiten.

50. Wir wollen also zuerst beweisen: Die Mitglieder der Kirche können frei und unabhängig vom Staate nach dem Endziele der Kirche, der ewigen Seligkeit, durch Uebung der christlichen Religion streben; darunter verstehen wir aber sowohl den Glauben, als auch das Leben nach dem Glauben, da beides uns von Christus zur strengsten Pflicht gemacht ist. Marc. 16, 16; Matth. 7, 21 u. a. a. O.

Diese Uebung der christlichen Religion ist so nothwendig, daß uns nach dem Willen Christi keine Rücksicht davon abhalten soll; nicht die Rücksicht auf die Eltern: „Wer Vater und Mutter," sagt Christus, „mehr liebet als mich, ist meiner nicht werth;" vielweniger noch die Rücksicht auf das Leben: „Fürchtet euch nicht," so mahnt der Heiland, „vor denen, welche den Leib tödten, aber die Seele nicht tödten können; fürchtet vielmehr den, welcher Leib und Seele in die Hölle stürzen kann." Daß nun unter jenen, denen man ohne Furcht entgegen treten soll, auch die weltliche Obrigkeit zu verstehen ist, wenn sie mit Androhung des Todes von der christlichen Religion abschrecken will, zeigt das Beispiel Christi, der Apostel und der hl. Martyrer. Die Annahme und Uebung des Glaubens sind also nach dem Willen Christi so unabhängig vom Staate, daß sie sogar gegen dessen strengstes Gebot geschehen sollen.

51. Man wird vielleicht entgegnen, daß es sich in obigen Stellen nur um die Erfüllung der strengen Pflichten handelt, die unter Androhung der Verdammniß dem Menschen obliegen. Das christliche Leben schließt aber Manches ein, das nicht einmal unter läßlicher Sünde geboten, sondern nur bloßer Rath ist. Dürfte der Staat nun dieses nicht hindern?

Nein, denn die christliche Liebe begnügt sich nun einmal nicht mit der Ausübung des streng Gebotenen, sie will auch etwas thun, wozu sie nicht verpflichtet ist. Wenn nun der Staat durchaus nicht den christlichen Glauben verkümmern darf, wie sollte er den freien Schwung der christlichen Liebe hindern dürfen? Ferner, was gerathen ist, wünscht Gott von mir; wünscht Gott aber etwas von mir, wie sollte der Staat mich in der Ausführung dieses Wunsches hindern dürfen, wie sollte er das Recht haben, mir zu verpönen, was Gott mir als die höchste Vollkommenheit vorstellt?

52. Es handelt sich auch hier um die heiligsten Interessen, da die Räthe des Heilandes nicht etwas ganz Gleichgültiges, sondern vielmehr nach der katholischen Lehre für den Berufenen der sicherste Weg zur ewigen Seligkeit sind; und der Mensch sollte nicht die Freiheit haben, dem Rufe Gottes, der Mahnung seines Gewissens, der Ermunterung seiner Kirche zu folgen und den besten, sichersten Weg zu seinem größten Glücke zu gehen! Allerdings sucht man diese Freiheit vergebens auf dem Programme mancher Freiheitsapostel, das Bordelle anpreist und Klöster verbietet, das erfahrungsgemäß den Abgrund der Armuth schafft und den Christen verwehrt, Alles zu verkaufen, an die Armen zu geben und Christus in freiwilliger Armuth nachzufolgen; das Revolutionen, kleine und große, in der Familie wie im Staate macht, dabei durch einen schrecklichen Eid seine Anhänger unbekannten Meistern unterwirft und die Katholiken vom Gelübde des religiösen Gehorsams abhält; mit einem Wort: das die Freiheit des Verderbens anbahnt und die Freiheit zum Wohlthun unterdrückt. Gewiß so etwas entspricht den verkehrten Neigungen des Herzens, aber wir untersuchen hier nicht, was diesen, sondern was dem Herrn gefällt, und darüber läßt uns der gesunde Menschenverstand, der christliche Glaube und die Kirche, die von Gott bestellte Auslegerin des Glaubens, nicht im Zweifel.

Es ist darum nicht nöthig, noch viele Stellen aus dem Worte Gottes zum Beweise beizubringen.

53. Wir haben also nach Gottes Anordnung die völlige Freiheit, die gesammte christliche Religion zu üben, mag sie uns nun etwas unter Strafe der Verdammniß befehlen oder als Ideal sittlicher Vollkommenheit und Größe vorhalten.

Aber wird nicht von den Einen als Aberglauben verworfen, was Andere als sittliche Größe preisen? Sollte auch einem Fanatiker frei stehen, Alles zu thun und zu üben, was er unter Religion versteht?

Mit Nichten. Der Mensch kann kein Recht haben, Unrecht zu thun, mag er auch aus Aberwitz Unrecht für Recht halten; aber die Möglichkeit des menschlichen Irrthums hat Christus vorausgesehen, darum ein Tribunal über Glaubenssachen in der Kirche errichtet und den Menschen an dasselbe gewiesen. „Wer die Kirche nicht hört, ist anzusehen als ein Heide und Publican." Gott hat mit diesen Worten den Gläubigen den Befehl, aber auch das Recht gegeben, auf die Kirche zu hören, und wenn nun demgemäß ein Katholik nach der Forderung seines Gewissens etwas thun will, was die Kirche ihm als geboten oder auch als höhere Voll= kommenheit [1] vorstellt, so hat Niemand die Befugniß, ihn unter dem Vorschützen des Fanatismus daran zu hindern; ein solcher würde gegen den Willen Gottes verstoßen und die berechtigte Gewissensfreiheit verletzen.

54. Es bleibt also dabei, nach der Anordnung Christi können wir frei und unabhängig vom Staate nach unserm Glauben leben. Schon hieraus folgt, daß die Kirche frei und unabhängig in ihrer Leitung ist. Da dieses aber der Cardinalpunkt der ganzen Untersuchung ist, müssen wir denselben noch weiter-entwickeln. Vorab ist wohl nicht unnöthig zu bemerken, daß Alles hier einzig und allein auf den Willen Christi an= kommt, der als Gott anordnen konnte, was ihm gefiel, wenn es auch einigen Politikern oder Rechtsphilosophen mißfallen sollte. Diese Be= merkung nämlich macht alle Systeme jener Gegner zu Schanden, welche, um die Einrichtung der christlichen Kirche kennen zu lernen, nicht auf die Worte Christi achten, sondern sich auf den Boden des bloßen Natur= rechtes stellen. Sie behaupten nämlich, wie wir in den Vorbemerkungen gesehen, in jeder Gesellschaft gehe die Gewalt ursprünglich von der Menge aus. Mag man ihnen das auch bezüglich der ganz freiwilligen Gesellschaften zugestehen; sicher ist es falsch bezüglich der Kirche, welche Gott nach seinem Wohlgefallen gegründet. In ihr müssen die im Besitze

---

[1] Wir betrachten hier die Sache nur im Allgemeinen und sehen vom Beson= dern ab. Denn unzweifelhaft ist dasjenige, was im Allgemeinen gerathen ist, für Manche wegen ihrer besondern Verhältnisse nichts weniger als vollkommen. In solchen Fällen können hiervon außer den geistlichen Obern auch Andere, z. B. die Eltern, die Betreffenden abhalten. Es kann sogar vorkommen, daß durch das Um= fassen eines evangelischen Rathes die Rechte Dritter verletzt würden, was einträte, wenn z. B. eine Frau wider Willen ihres Mannes, oder ein Schuldner vor Tilgung seiner Schulden, oder ein Kind, ohne dessen Unterstützung die Eltern nicht leben könnten, in's Kloster gehen wollte. Ganz gewiß können dagegen die Interessirten Einsprache erheben, und so wenig verkennt das die Kirche, daß sie durch ihre Gesetze deren Rechte gesichert hat.

der Gewalt sein, welchen Gott sie übertragen hat. Wer nun dieses ist, darüber läßt uns Schrift und Tradition nicht im Zweifel.

55. Christus wollte ein Reich stiften; ein Reich kann aber nicht ohne höchste, unabhängige Gewalt gedacht werden. Obwohl nun das Reich Christi in dieser Welt sein sollte, sagte er doch von ihm: „es sei nicht von dieser Welt" und demgemäß bestellte er auch nicht die welt= lichen Fürsten als Träger jener Gewalt, sondern Petrus, der mit den übrigen Aposteln sein Reich regieren sollte. Dieß beweisen klar die Worte, welche er zu Petrus sprach: „Dir will ich die Schlüssel des Himmelreiches geben, und was immer du binden wirst auf Erden, das soll auch im Himmel gebunden sein, und was immer du lösen wirst auf Erden, das soll auch im Himmel gelöset sein" (Matth. 16, 19). Letztere Worte wiederholte er bald darauf zu den Aposteln. Die Schlüssel sind Zeichen der Gewalt, ja in der Schrift (Job 12, 14; Apocal. 3, 7) wird dieses Bild öfter gebraucht, um die höchste, göttliche Gewalt zu bezeichnen. Die dem Petrus und den Aposteln übertragene Gewalt soll sich nun auf Alles in der Kirche erstrecken: „Quaecumque, was immer ihr binden (lösen) werdet." Indem er nun aber diesen Worten unmittel= bar und ohne Weiteres hinzufügt: „das soll auch im Himmel gebunden (gelöset) sein," zeigt er deutlich, daß die Acte dieser Vollgewalt sofort, unabhängig von allem Andern, auch vor Gott gültig seien. Denn man merke wohl, Christus läßt die Endgültigkeit der apostolischen Anordnungen durchaus nicht von der staatlichen Genehmigung abhängen, sondern nach seinen Worten erlangen sie unmittelbar durch sich selbst die höchste Gel= tung. Christus hat also in den Aposteln und deren Nachfolgern eine vom Staate ganz unabhängige Vollgewalt angeordnet.

56. Aehnliches ergibt sich aus den Worten, womit der Heiland die in obiger Stelle verheißene Gewalt wirklich dem hl. Petrus übertrug: „Weide meine Schafe, weide meine Lämmer." (Joh. 21, 15—17.) Petrus wird durch diese Worte der ganzen Heerde Christi vorgesetzt; zu derselben gehören offenbar auch die gläubigen Fürsten. Mit Unrecht ordnen also die Gegner die Vorsteher der Kirche in religiösen Dingen den Fürsten unter. Sie drehen das von Christus angeordnete Verhältniß geradezu um; sie machen den Hirten von seinen Schafen abhängig. Wahrlich, die Einfachheit des Evangeliums macht auch hier die Weisen und Mächtigen zu Schanden. Denn alle gegen die kirchliche Unabhängig= keit ausgedachten Systeme müssen an diesem Sätzchen: „Weide meine Schafe" zu Schanden werden.

57. Aus der Uebertragung der göttlichen Sendung an die Apostel läßt sich ein anderer Beweis führen. Denn ohne Zweifel war in Christus die kirchliche Gewalt völlig unabhängig als Ausfluß seines göttlichen Herrschaftsrechtes. Christus übertrug nun seine Gewalt zur Gründung und Regierung der Kirche den Aposteln: „Wie mich der Vater gesendet hat, so sende ich Euch." (Joh. 20, 21.) Was die Apostel demnach vermöge dieser göttlichen Sendung anordnen würden, sollte so angesehen werden, als ob es von Christus selbst verfügt wäre. „Wer Euch höret, der höret mich, wer Euch verachtet, der verachtet mich." (Luc. 10, 16.) War also die Gewalt in Christus frei und unabhängig vom Staat, so ist es auch die seinen Aposteln übertragene, da diese ja keine andere ist als die des Heilandes, in wiefern sie durch seine Stellvertreter ausgeübt wird. Solche Gewalt den Fürsten unterwerfen hieße Gott den Menschen unterordnen.

58. Einen andern Beweis bieten uns die letzten Worte Jesu Christi, in welche er vor der Himmelfahrt seinen der Kirche gegebenen Auftrag kurz zusammenfaßt: „Gehet hin und lehret alle Völker, taufet sie und lehret sie Alles halten, was ich Euch gesagt habe, und sehet, ich bin bei Euch alle Tage bis zum Ende der Welt." (Matth. 28, 19. 20.) Man beachte die Allgemeinheit dieser Worte: alle Völker, alle Tage bis zum Ende der Welt, Alles, was Christus gesagt hat. Und so wichtig ist dieser Auftrag, daß davon das ewige Heil und Wehe der Menschen abhängt. (Marc. 16, 16.) Was aber nach dem Willen Christi bei allen Völkern, zu allen Zeiten, ganz und gar vollständig ausgeführt werden mußte, so zwar, daß davon die Erreichung des nothwendigen letzten Endzieles abhing, durfte nicht dem Willen der Fürsten untergeordnet werden, weil vorauszusehen war, daß nicht alle Fürsten aller Zeiten und Orten mit allen Anordnungen Christi zufrieden sein würden. Darum mußte Christus die Wirksamkeit der Apostel und mithin auch der Kirche, auf welche die der Apostel überging, frei und unabhängig vom Willen der Fürsten machen.

59. Doch genug von den Worten Jesu Christi; wir wollen den letzten Beweis aus seinem Schweigen führen. Sicher muß, wer befehlen will, den Titel, der ihn dazu berechtigt, vorzeigen, denn dieses Recht ist gewissermaßen eine Servitut auf dem unserm Willen zugehörigen Gebiete der Freiheit. Wollen also die weltlichen Fürsten Anordnungen für die Kirche treffen, nun wohlan, so mögen sie ihr Recht dazu beweisen. Das gilt hier um so mehr, weil die Kirche und mithin auch die kirch=

liche Gewalt zur übernatürlichen, von Gott unmittelbar gegründeten Ordnung gehört. Man zeige uns also eine Stelle, in der Christus irgendwie den Fürsten die Gewalt übertragen hat, in seinem Reiche zu schalten. Bis jetzt hat man trotz alles Suchens weder in der Schrift, noch in der Tradition etwas gefunden, was auch nur den Schein einer solchen Uebertragung hätte. Es ist freilich gesagt, man solle der Obrigkeit unterthan sein, aber dieses bezieht sich offenbar nur auf die bürgerlichen Dinge. Die übernatürliche Ordnung des Christenthums will nämlich die natürliche Ordnung nicht umstoßen, sondern befestigen und vervollkommnen; darum hat sie die elterliche und politische Gewalt gelassen und zum Gehorsam gegen dieselbe auf das Nachdrücklichste aufgefordert. Daß aber Christus der weltlichen Obrigkeit zu ihrer politischen Gewalt auch nur die allergeringste Autorität über die Kirche gegeben, ist nirgends gesagt, und somit ist diese Gewalt als unbeweisbar nicht vorhanden. Zudem waren die Obrigkeiten zu Christi und der Apostel Zeiten heidnisch; Niemand wird aber doch wohl den Gründern der Kirche den Unsinn beilegen, sie hätten die Gläubigen gemahnt, in religiösen Dingen Heiden zu folgen.

60. So haben denn auch die Apostel gehandelt. Sie haben die Kirche gegründet, geprediget, Sacramente gespendet, die verschiedenartigsten Anordnungen für die Christen getroffen, aber niemals die weltliche Obrigkeit um Genehmigung gebeten. Sie thaten vielmehr alles dieses trotz der Drohungen der Fürsten, Landpfleger und Magistrate. Ebenso geschah es auch, wie Niemand läugnet, in den ersten Jahrhunderten. Diese Thatsache hat die Gegner nicht wenig in Verlegenheit gebracht, und das um so mehr, weil gerade sie mit Verachtung des Mittelalters immer an die ersten christlichen Zeiten appelliren. Ihre Ausrede, die Fürsten seien damals heidnisch gewesen, hilft ihnen wenig. Denn entweder gehört die fragliche Gewalt über die Kirche zu den wesentlichen Rechten der Krone, und dann besaßen sie die heidnischen Fürsten als wahre Obrigkeiten gleichfalls; oder aber die Fürsten erlangten dieselbe erst durch den Eintritt in die Kirche, aber dann ist es sonderbar, daß dieser Eintritt, welcher sie zu Kindern der Kirche machte, ihnen zugleich Gewalt über ihre Mutter gegeben haben soll. Nach dem Naturrecht wenigstens müssen die Kinder den Eltern gehorchen, nicht umgekehrt.

So ist denn die völlige Autonomie der Kirche in den drei ersten Jahrhunderten der schlagendste Beweis für die Rechtlichkeit dieses Verhältnisses; dasselbe erhärten die vielen Proteste der hl. Väter gegen die

Eingriffe weltlicher Fürsten, weil sie uns zeigen, was von jeher der katholische Glaube über diesen Punkt gelehrt hat.

61. Schon oben haben wir von der Einmischung des arianisch gesinnten Constantius in die kirchlichen Angelegenheiten gesprochen. Gegen ihn schrieb der hl. Hilarius: „Er schlägt nicht, sondern hätschelt; er ehrt die Bischöfe, auf daß sie keine Bischöfe mehr seien. Er stellt die Mauern der Kirchen wieder her, um den Glauben zu zerstören. Er wirft nicht in's Gefängniß zur Freiheit, sondern am Hofe schmeichelt er zur Knechtschaft." Dennoch, sagt der Heilige, müsse man ihm dasselbe zurufen, was einem Nero, einem Decius, einem Maximianus: „Du kämpfest gegen Gott, du wüthest gegen die Kirche . . . ., du bist ein Tyrann nicht in menschlichen, sondern in göttlichen Dingen" [1].

Solche und noch härtere Ausdrücke hatte dem Heiligen die namenlose Verwirrung ausgepreßt, welche die kaiserlichen Eingriffe in der Kirche hervorgerufen. Er that solches auch nur, als alle Bitten [2] vergeblich waren, die er früher an den Kaiser gerichtet hatte: „Nicht nur mit Worten, sondern mit Thränen beschwören wir dich: deine Güte möge beschließen, daß alle Richter und Verwalter der Provinzen, denen nur die Sorge für die öffentlichen Angelegenheiten obliegen darf, sich um die zur Religion gehörenden Dinge nicht kümmern und sich weder herausnehmen, noch anmaßen, in den Sachen der Geistlichen zu erkennen." Um den Kaiser zum Schutze der kirchlichen Freiheit zu bewegen, stellt ihm der nichts weniger als sklavisch gesinnte Heilige Folgendes als Pflicht der Herrscher vor: „Dafür bemüht ihr euch und regieret das Gemeinwesen, dafür sorget ihr und wachet, daß Alle, denen ihr befehlet, sich der über Alles süßen Freiheit erfreuen."

62. Wie Hilarius, dachten übrigens auch die andern Väter jener Zeit. „Da dir befohlen ist," redet Lucifer von Cagliari den Constantius an, „die Bischöfe nicht zu beherrschen, sondern ihren Beschlüssen zu folgen, wie kannst du sagen, du könnest über sie zu Gericht sitzen?" [3] Diese Lehre Lucifers wurde in der Weise vom hl. Athanasius gebilligt, daß derselbe ihm schrieb: „Wir haben deine Briefe und Schriften empfangen, in denen wir das apostolische Vorbild erblickten, die Lehre der Wahrheit, die Unterweisung des wahren Glaubens, die reine Ueber

---

[1] Contra Constantium. Opera S. Hilarii. Edit. Veron. 1730. II, 564.
[2] Ad Const. L. I. l. c. p. 535.
[3] L. I. pro Athan. ad Constantium imper.

lieferung unserer Väter, die rechte Regel der kirchlichen Ordnung ...
Glaube mir, Lucifer, nicht du hast aus dir allein so gesprochen, sondern
der hl. Geist mit dir." Hiernach darf es uns nicht wundern, daß Athanasius ganz dieselbe Sprache wie Lucifer gegen den Kaiser führt: „Was
ist das für ein Kirchengesetz, wonach es den Beamten zusteht, über die
Kirche zu herrschen? Wann ist es je erhört, daß das Urtheil der Kirche
sein Ansehen vom Kaiser empfangen? Viele Synoden sind vordem gefeiert, manches kirchliche Gericht ist gehalten, aber weder die Väter wagten
solches einem Fürsten zu rathen, noch auch mischte sich ein Fürst in kirchliche Angelegenheiten ein" [1].

63. Für die Rechtmäßigkeit seines Benehmens berief sich derselbe
große Heilige auf die angesehensten Männer seiner Zeit. Er erzählte [2],
was Hosius, was der Papst Liberius gegenüber den Anmaßungen des
Kaisers gesagt hatten: „Fürchte", schrieb der Erstere dem Constantius,
„fürchte den Tag des Gerichtes und mische dich nicht in kirchliche Angelegenheiten ein, noch befiehl uns darin etwas, sondern lerne vielmehr
derartiges von uns .... Hüte dich, durch Anmaßung dessen, was der
Kirche untersteht, dich eines großen Verbrechens schuldig zu machen. Wie
uns kein Recht auf das irdische Reich zukommt, so hast auch du kein
Recht, dich in heilige Dinge einzumischen." Liberius sprach in ähnlicher
Weise zum kaiserlichen Gesandten über die Forderungen des Constantius:
„Nicht so lautet die kirchliche Satzung; eine solche Ueberlieferung haben
weder wir von den Vätern, noch diese vom hl. Petrus erhalten. Wenn
aber der Kaiser seine ganze Sorgfalt für den Frieden der Kirche ein-
setzen will, so möge eine kirchliche Synode fern vom Palaste gefeiert
werden, auf der weder der Kaiser gegenwärtig ist, noch ein Beamter
sich einmischt, noch ein Richter droht, sondern einzig die Furcht Gottes
und die apostolischen Anordnungen walten."

64. Der hl. Ambrosius trat in die Fußstapfen des Papstes Liberius,
den er als einen Heiligen verehrte. Bekannt ist, wie freimüthig er sich
Theodosius dem Großen gegenüber benahm, indem er ihn aus dem
Chore der Kirche verwies, weil dieser Platz für die Priester bestimmt
sei, und ihn hieß, sich zu den einfachen Gläubigen zu setzen. Aber Wenige
ziehen daraus die so nahe liegende Folgerung. Gebührte nämlich der
Ehrenplatz in der Kirche dem Klerus als Träger der kirchlichen Gewalt,

---

[1] Hist. Arianorum ad Monachos n. 52. Ed. Migne I, 756.
[2] Hist. Ar. ad Monachos n. 44. n. 36. Ed. Migne I. p. 736, 746.

so bedeutete das Heruntersteigen des Kaisers zu den Laien, daß er in der Kirche nicht die geringste Gewalt habe, sondern gehorchen müsse, wie die einfachen Gläubigen.

Ambrosius machte übrigens daraus kein Hehl: „Gibt es", sagte er in einer Rede, „einen ehrenvolleren Titel für den Kaiser, als Sohn der Kirche zu heißen? Sagt man dieses, so geschieht es nicht mit Unrecht, denn der Kaiser ist in der Kirche, nicht über derselben"[1]. Valentinian I. war ganz dieser Ansicht gewesen, und Ambrosius macht hierauf den Sohn desselben, Valentinian II., aufmerksam: „Niemand darf mich für anmaßend halten, wenn ich das sage, was dein Vater glorreichen An= denkens ausgesprochen und gesetzlich bestimmt hat: in Sachen des Glau= bens und der kirchlichen Ordnung müsse der richten, den Amt und Recht dazu bevollmächtigen... Wann in der That, gütigster Kaiser, hast du gehört, daß in Sachen des Glaubens Laien über Priester gerichtet haben? Und so sehr sollte Kriecherei uns krümmen, daß wir, der priesterlichen Würde und Gewalt uneingedenk, Andern das preisgeben sollten, was Gott uns verliehen hat? Wenn der Bischof vom Laien zu belehren ist, was folgt daraus? Also der Laie soll disputiren und der Bischof zunicken, der Bischof vom Laien lernen? Aber gewiß, wer möchte, wenn er anders die göttlichen Schriften und die frühern Zeiten kennt, leugnen, daß in Sachen der Religion die Bischöfe über die Kaiser, nicht die Kaiser über die Bischöfe urtheilen"[2].

65. Ganz dieselbe Sprache führen der hl. Gregor von Nazianz[3], der hl. Chrysostomus[4], die Päpste Felix[5], Gelasius[6], wenn sie behaup= ten, in kirchlichen Dingen müsse die weltliche Gewalt, selbst der Kaiser, den Priestern gehorchen, nicht ihnen befehlen. Wegen dieser Incompetenz der weltlichen Behörden verordnet denn auch im Jahre 452 das zweite Concil von Arles c. 31: „Wenn ein Kleriker wagt, in Sachen der Religion oder in den geistlichen Angelegenheiten der Kirche sich an die weltliche Gewalt und nicht an die Synode zu wenden, so soll er dem Banne

---

[1] Sermo contra Maxentium c. 36. Opera Ambr. Ed. Venet. 1751. III. p. 926.

[2] Ep. 21. l. c. p. 909 seq. Auch der (20.) Brief an seine Schwester behan= delt denselben Gegenstand.

[3] Orat. 17. Ed. Paris. 1778 p. 322.

[4] Hom. 17 in II. Cor. Ed. Montfaucon X, p. 548.

[5] Ad Zenonem ep. 9. Ed. Migne t. 58. p. 935.

[6] Ad Anastasium Aug. ep. 8. Ed. Migne t. 59. p. 42.

und dem Abscheu Aller verfallen." Aehnliches hatte um dieselbe Zeit die allgemeine Synode von Chalcedon verordnet.

Doch genug; denn wollten wir mehr Zeugnisse anführen, so würden wir die Grenzen unserer Broschüre überschreiten; es ist auch nicht nothwendig, da der hochwürdigste Bischof Roskovany sechs ganze Bände damit gefüllt hat. Sie bestätigen, was die hl. Väter einstimmig aussprechen, daß die Kirche in ihren Angelegenheiten nicht nur unabhängig von den Fürsten ist, sondern vielmehr diese darin der kirchlichen Autorität zu folgen haben.

66. Schwerer jedoch als alle Worte wiegen die Thatsachen, wir meinen die riesenmäßigen Anstrengungen und Kämpfe, womit die Kirche seit 1800 Jahren die Freiheit und Unabhängigkeit als ihr Lebenselement erklärt hat, und da Beweise aus der Geschichte auf die meisten Menschen einen mächtigern, überzeugenderen Eindruck machen, als die Exegese einiger Schriftstellen oder rein philosophische Argumente, so sei es uns gestattet, in kurzen Zügen den Streit für die edelste aller Freiheiten darzustellen und hieraus unsere Folgerungen zu ziehen. Wir haben schon darüber gesprochen, was die Kirche für die Erhaltung ihres Glaubens gegenüber den Verfolgungen der weltlichen Gewalt gethan hat. Der Staat hat sich jedoch noch auf andere Weise in kirchliche Angelegenheiten eingemischt, und unsägliche Kämpfe waren und sind noch immer dagegen nothwendig. Weil aber im Kampf sich auf Erden die Kraft entwickelt, so hat die Geschichte wohl nirgends großartigere Charaktere aufzuweisen, als wir in den Helden der Kirche erblicken [1].

Da tritt ein Nicolaus I. auf, durch die Erhabenheit seiner Absichten und Reinheit seiner Sitten vor allen Zeitgenossen ausgezeichnet. Bald kämpft er gegen den morgenländischen Despotismus, der den gebildeten, aber unwürdigen Photius der Kirche aufdrängen will; bald rügt er die fränkischen Machthaber, welche ihren Einfluß als Beschützer der Kirche gar oft zur Befriedigung ihrer Leidenschaften und ihrer Günstlinge mißbrauchten. Gewaltiger noch erscheint die hehre Gestalt Gregors VII. Die deutschen Kaiser hatten das Papstthum aus den Händen schlechter Adelsfactionen befreit, aber die Macht, welche ihnen dafür die dankbare Kirche gewährte, artete bei dem elenden Heinrich IV. in heillose Tyrannei

---

[1] Zur Geschichte dieses Kampfes siehe besonders Phillips Kirchenrecht III. Bd.; zur Charakteristik der außerkirchlichen Knechtschaft in religiösen Dingen v. Döllinger, die Kirche und die Kirchen.

aus. Durch die Investitur setzte die weltliche Gewalt die unwürdigsten Hirten über die Kirche, und nun verwüsteten Simonie, Unzucht und unsägliche Uebel im Gefolge dieser Laster die Kirche. Mußte nicht ein jedes edle Herz sich darob entrüsten? mußte es nicht beim Anblick jener verderblichen Uebergriffe von der Idee der kirchlichen Freiheit mächtig ergriffen und getrieben werden? Und wenn auf diese Weise Begeisterung für die Befreiung der Kirche ein gläubiges Gemüth mächtig entflammte, konnte es da noch zögern, Alles für die Freiheit seiner Mutter einzusetzen? So geschah es in der That. Dieses edle Feuer der Begeisterung blieb aber nicht im Herzen des Papstes und weniger Getreuen verschlossen, sondern verbreitete sich unaufhaltsam in den Massen des Volkes, und darum war der Sieg unausbleiblich, so heftig auch der Kampf entbrannte. Nichts ist ungerechter, als über die Herrschsucht dieses Papstes zu lärmen. Wenn man die Briefe Gregors und seiner Freunde liest, wird man bald gewahr, welcher Geist jene Männer beseelte. Nicht ehrgeizige Absichten, nicht hohle gelehrte Theorien bewegten dieselben. „Die Braut des Herrn darf keine Dienstmagd sein“, das war das kurze Wort, welches damals alle Vorkämpfer der Kirche entzündete. Schon beim Beginn des Streites schien der Erfolg sich für Gregor zu entscheiden; doch die Unbeständigkeit des leidenschaftlichen Kaisers bewirkte, daß seine Unterwerfung sich in unversöhnliche Feindschaft umwandelte. Gregor mußte der Uebermacht weichen; er starb in der Verbannung; sein Nachfolger indeß führte den Investiturstreit glücklich zu Ende.

67. Aber nach einer kurzen Zeit der Eintracht unter Kaiser Lothar nahmen die Hohenstaufen den Kampf wieder auf. Sie wollten ein Weltreich gründen; als Vorbilder schwebten ihnen hiebei die römischen Imperatoren vor, deren absolutistische Gewalt mit jeglicher Freiheit, der politischen und der religiösen, unvereinbar gewesen war. Solchen Plänen widerstand die damals auf dem Gipfel ihrer Macht und Unabhängigkeit stehende Kirche. Sie hatte zu ihren Vorkämpfern die größten Päpste, einen Alexander III., einen Innocenz III., einen Gregor IX.; aber auch gegen die Kirche erhoben sich in Friedrich I. und Friedrich II. Gegner, wie man sie noch nie gesehen. Vor ihrer überwältigenden Macht beugte sich Alles, nur nicht der Freiheitssinn der Kirche und deren Freunde. Was war der Ausgang des Kampfes? Friedrich I. fiel reuig vor Alexander III. nieder, der ihn mit Thränen in den Augen aufhob. Friedrich II. aber ging mit seinem Geschlecht elend zu Grunde; er zerschellte

am Felsen, welcher ihm in seiner Jugend ein festes Fundament auch für seine weltliche Macht gewesen war. Leichter zerstoben die Plane Otto's IV., der sozusagen im Zwischenakte die Fehde gegen Innocenz III. aufgenommen hatte. Drei große Reichstage der gesammten Christenheit, zwei im Lateran, der letzte in Lyon, stimmten den Urtheilen der Päpste völlig bei. Der von Lyon drückte auch der Verwerfung der Hohen= staufen das Siegel auf.

Man denke aber nicht, daß die Päpste bloß gegen die Kaiser die kirchliche Freiheit vertheidigen mußten. Damals, wo das Faustrecht nur gar zu häufig überwog, geschahen Angriffe auch von andern weltlichen Machthabern. So z. B. war Alexander III. gezwungen, die Freiheit der Kirche nicht nur in Deutschland, sondern auch in England, Nor= wegen, Ungarn zu beschützen. In England stand ihm übrigens ein wackerer Streiter zur Seite: der unerschrockene Erzbischof von Canter= bury, Thomas Becket. Dieser fiel zwar im Kampfe für die kirchliche Freiheit, aber sein Martertod brachte dort die gerechte Sache zu einem glücklichen Ausgang, den alle Anstrengungen seines Lebens nicht hatten gewinnen können.

68. In den menschlichen Verhältnissen artet Schutz häufig in Herr= schaft aus. Die Päpste mußten sich in ihren Kämpfen an Frankreich anlehnen; Noth und Dankbarkeit zwang sie darum, den Königen dieses Landes bereitwilliger entgegen zu kommen. Da aber Philipp der Schöne seine Ansprüche bis zu den maßlosesten Uebergriffen steigerte und ihm gegenüber ein energischer Papst die Rechte der Kirche wahrte, konnte der Kampf nicht ausbleiben. So groß indeß auch Bonifacius VIII. war, so hatte sein Ringen für die kirchliche Freiheit nicht denselben Erfolg, den man in ähnlichen Kämpfen auf Seiten der Kirche gesehen. Nicht als ob je Bonifacius oder seine Nachfolger principiell Etwas der Frei= heit der Kirche vergeben hätten; thatsächlich jedoch überwog immer mehr der Einfluß Frankreichs. Wir dürfen uns darüber nicht wundern. Nie kann die Kirche das Dogma ihrer Freiheit verleugnen, aber ihre äußere Wirksamkeit kann durch äußere Gewalt gehemmt werden; ihre Bischöfe können sich durch weltliche Einflüsse bestimmen lassen; ja oft werden ihr auch unwürdige Obere aufgedrungen. Wenn das aber geschieht, so fließt aus solchen thatsächlichen Beschränkungen der kirchlichen Freiheit so viel Unheil über Kirche und Staat, daß hieraus ebenso sehr, wie aus den siegreichsten Kämpfen für die Freiheit sich unser Satz beweisen läßt. Dem französischen Einfluß entquoll bald die babylonische Ge=

fangenschaft der Päpste zu Avignon, das große Schisma, die Abneigung und das Mißtrauen der Völker gegen den apostolischen Stuhl, woraus dann als letzte unheilvolle Frucht die Losreißung ganzer Nationen hervorging.

69. Diese Trennung von Rom hatte völligen Verlust der Freiheit für die Getrennten zur Folge. Der hl. Stuhl ist nun einmal der Hort der christlichen Freiheit: um nach Außen mit aller Kraft und Unabhängigkeit wirken zu können, muß die Kirche sich auf ihr Centrum stemmen, auf ihren Felsen stützen; nur so kann sie die unsäglichen Hemmnisse überwinden, die sich ihr entgegenthürmen. Es ist das eine der wichtigsten Aufgaben des von Christus mit aller Autorität ausgerüsteten päpstlichen Stuhles, der Schwäche der einzelnen Theilkirchen, die sonst unter der Wucht der mannigfaltigen, dem modernen Staate so reichlich zu Gebote stehenden Zwangs- und Verführungsmittel erliegen müßten, als Stütze und Rückhalt zu dienen[1]. Hier hat noch in viel größerem Maße Geltung, was wir früher über die Reinerhaltung der Ehe angemerkt haben. Je loser darum der Zusammenhang mit dem hl. Stuhl ist, desto mehr ist die kirchliche Freiheit in Gefahr; in Kirchen, die sich völlig vom Papste trennten, gieng sie völlig unter. Wir können uns nicht enthalten, hierbei einen Augenblick zu verweilen. Das Licht wird durch die Entgegensetzung vom Schatten gehoben. Wir werden darum auch den erfolgreichen Kampf der katholischen Kirche für ihre Freiheit besser würdigen, wenn wir das Schicksal der von ihr losgerissenen Kirchen betrachten.

Die Knechtung der Kirche von Seite des Staates fand bei den schismatischen Griechen nicht nur unter den christlichen Kaisern Statt, sondern dauerte selbst unter der türkischen Herrschaft fort. Nach dem Willen des Sultans werden die Patriarchen ein- und abgesetzt. Dabei gibt das Angebot von Geld oder eine politische Rücksicht den Ausschlag. Es ist das begreiflich; aber unglaublich scheint es, daß die Patriarchen selbst in kirchlichen Fragen den Sultan um Entscheidung angehen. Und doch geschieht es; ja eine solche unwürdige Abhängigkeit scheint wegen ihrer Dauer jenen ganz natürlich, ganz in der Ordnung zu sein; sie entblöden sich nicht, zu ihrer Rechtfertigung auf dieselbe hinzuweisen, wie es der Patriarch Anthimus noch im Jahre 1848 that[2], um den

---

[1] v. Döllinger, die Kirche und die Kirchen S. 37.
[2] Pitzipios, l'église orientale II, 141.

Vorwurf Pius' IX. zurückzuweisen, daß es den Griechen an einem Mittelpunkt kirchlicher Einheit mangele. Der Sultan, ein schöner Mittelpunkt christlicher Glaubenseinheit! wird Mancher denken; freilich, aber es ist immerhin ein lebendiger Mittelpunkt, welcher zusammenzuhalten vermag; viel schlimmer sieht es mit der kirchlichen Einheit aus, wenn gar keine Obrigkeit sie vor Auflösung schützt. So hat die reformirte holländische Kirche gemäß den Worten eines ihrer angesehensten Mitglieder, nachdem sie aufgehört hat, Staatskirche zu sein, keine andere Einheit als die Kasse, aus der ihre Prediger bezahlt werden.

Wie die Konstantinopolitanische, hat auch die Russische Kirche ihre Freiheit völlig eingebüßt. An ihrer Spitze steht die sogenannte hl. Synode, die der Kaiser durch seinen Procurator, der schon mehrmals der Armee entnommen ward, vollständig leitet. Darum wird sich Niemand wundern, daß Alles nach militärischem Kommando geht, wo ein General Dirigent ist.

70. Wo möglich hatten aber die meisten protestantischen Kirchen noch mehr ihre Selbstständigkeit der weltlichen Gewalt gegenüber verloren. Denn weder der Sultan, noch der Czar haben sich je herausgenommen, was früher in protestantischen Ländern zu den gewöhnlichen und sozusagen normalen Vorgängen gehörte [1], nämlich unaufgefordert und willkürlich über den Glauben und den Gottesdienst der Kirche zu verfügen, und der Kirche Aenderungen aufzubringen. Wie maßlos das sogenannte Reformationsrecht von den Fürsten ausgeübt, wie in Folge dessen das Volk an einigen Orten in nicht langer Zeit mehrmals die Religion zu wechseln gezwungen worden, z. B. in der Pfalz binnen einem Menschenalter viermal, in Offenbach gar zehnmal in einem Jahrhundert, ist so bekannt, daß man nur daran zu erinnern braucht. Ja, in der neuesten Zeit noch sind Glaubensentscheidungen von weltlichen Behörden ausgegangen. Beleg hiefür ist, was das englische Parlament oder der dortige Geheimrath über den Gottesdienst, über die Auflösbarkeit der Ehe, die Taufe, und noch im vorigen Jahre über die Ewigkeit der Höllenstrafe und den göttlichen Charakter (Inspiration) der hl. Schrift entschieden hat. Die Unzufriedenheit eines großen Theiles der Geistlichkeit, welche solche Entscheidungen mit dem Glauben der anglicanischen Kirche nicht vereinigen konnte, änderte nichts an der Sache. Der Attorney-General antwortete ihnen: es sei die Pflicht der Geist-

---

[1] v. Döllinger, die Kirche und die Kirchen S. 173. 230. u. a. a. O.

lichen als Diener der Nationalkirche, alle Anordnungen des Staates zu vollziehen.

Das fand nun der Bischof von Orford sehr hart; hiemit sei das Bild einer völlig entwürdigten, demoralisirten und religiös ohnmächtigen Kirche gezeichnet; die bittersten Feinde der Kirche hätten bisher nichts Stärkeres über ihre schmachvolle Sklaverei gesagt. Indessen ist der Schluß des Attorney-General für die anglicanische Kirche, welche die Oberherrlichkeit des Staates anerkennt, einzig folgerichtig.

71. So ging die Freiheit in den Kirchen unter, die sich von Rom getrennt hatten, und mit ihr erstarb das kirchliche Leben. Es wurden verschiedene Systeme ausgeklügelt, um diese Abhängigkeit wissenschaftlich zu begründen, aber es wollte gar nicht gelingen; denn die Abhängigkeit protestantischer Kirchen ist keine Theorie, sie widerstrebt im Gegentheil schnurstracks den protestantischen Principien von der Freiheit der Forschung und ist nur eine thatsächliche Folge, welche mit Nothwendigkeit aus der Verwerfung der in der christlichen Kirche aufgestellten Autorität eintreten mußte. Doch genug von der Abhängigkeit der außerkirchlichen Gesellschaften; es war nothwendig, sie einen Augenblick zu betrachten, um besser die siegreichen Kämpfe der katholischen Kirche für ihre Freiheit würdigen zu können.

72. In den katholischen Ländern läßt sich ein ähnlicher Rückgang wahrnehmen, seit die katholischen Mächte sich von der gleißenden Frucht des Absolutismus verlocken ließen; aber das Verderben ging deßhalb nicht so tief, weil die Trennung vom Mittelpunkte der Einheit nicht so weit voranschritt. Doch rüttelte man mannigfach an den Rechten des geistlichen Standes und an der päpstlichen Autorität, und je mehr diese Versuche gelangen, desto mehr kamen die particulären Kirchen in die Knechtschaft des Staates.

Nirgends wurde dieses mehr offenbar als in Frankreich. Schon vor der Reformation hatte dort die Opposition gegen Rom in gewissen Kreisen, besonders in den Parlamenten sich festgesetzt. Man bebte deßhalb nicht vor dem Schisma zurück, wie die Geschichte der Synoden von Basel und Pisa (Mailand), und der pragmatischen Sanction zur Genüge beweist; zwar kam es nicht zum vollständigen Bruche; aber leider wurde der Giftstoff nicht völlig ausgestoßen. Die grundsätzliche Opposition gegen Rom blieb, und der nun aufkommende Absolutismus achtete keine Selbstständigkeit mehr.

72. Richelieu hatte freilich Richer, der den Gallicanismus bis zur

Leugnung der göttlichen Rechte des Papstthums trieb, einsperren laffen, die demokratischen Ideen dieses Mannes konnten dem Hofe nicht gefallen. Bald wurde aber das kirchenfeindliche Syftem des Gallicanismus auf das Emfigfte von der Regierung gehegt. Ludwig XIV. drang durch Intriguen und das allen Widerftand erdrückende Anfehen feiner Gewalt dem franzöfifchen Klerus und der Parifer Univerfität die berüchtigten Artikel von 1682 auf [1] und verübte zugleich durch willkürliche Ausdeh- nung der Regalien eine fchreiende Ungerechtigkeit gegen die Freiheit der Kirche. Daraus entftand denn, da der franzöfifche Episkopat im Allge- meinen fich willfährig gegen den König zeigte, ein Kampf mit den Päpften, den von Chriftus beftellten Vertheidigern der kirchlichen Unab- hängigkeit. Ludwig XIV. mußte nachgeben, jene Erklärung des galli- canifchen Klerus zurücknehmen und auch durch die von ihm ernannten Bi- fchöfe widerrufen laffen; aber leider gefchah dieß von ihm mehr den Worten, als der Wahrheit nach; denn thatfächlich währten feine Grund- fätze fort und trugen befonders, als die Janfeniften auf die meiften Parlamente und auch auf den Hof Einfluß gewannen, die allerver- derblichften Früchte. Man ging foweit, daß man mißliebige Schriften durch Henkershand verbrannte und mit Soldaten die Priefter zu Kran- ken fchleppte, damit fie denen die Sakramente reichten, welchen diefelben nach allen Grundfätzen des katholifchen Glaubens hätten verweigert werden müffen.

73. In jenen Zeiten war Frankreich das Modell Europa's; diefer Umftand, fowie das Beifpiel der proteftantifchen Fürften und überhaupt die ganze Richtung der Zeit, welche dem Abfolutismus huldigte, erzeug- ten auch in andern katholifchen Staaten Eingriffe in die kirchliche Frei- heit. So entftand in Deutfchland der Febronianismus und feine prak- tifche Durchführung im Jofephinismus. Geiftliche, Kanoniften, felbft die höchften kirchlichen Würdenträger (wie die Emfer Punktation, 1786, beweist), gingen mit den Feinden der Kirche Hand in Hand. Diefe Vergewaltigung der Kirche wurde befonders damals in Oefterreich auf die lächerlichfte Weife in's Kleinliche getrieben; da fchonte Jofeph II. fo wenig das Gewiffen feiner Unterthanen, daß er dem Klerus Dinge gebot, die gegen deffen katholifche Ueberzeugung und den von ihm der Kirche geleifteten Eid waren.

Der fteigende Abfolutismus des vorigen Jahrhunderts trat auf

---

[1] Der Katholik 1865, S. 11 ff.

solche Weise immer mehr die kirchlichen Rechte und Einrichtungen mit Füßen und verübte zu ihrer Unterdrückung die schreiendsten Ungerechtigkeiten. Bei der gewaltsamen Vertreibung des Jesuitenordens aus den meisten Staaten wurden viele tausend Männer, die selbst nach dem Urtheil ihrer Feinde um die Bekehrung und Civilisation wilder Völker, um die Schule, die Wissenschaft, die Kirche sich die größten Verdienste erworben hatten, aus den Orten ihrer Wirksamkeit vertrieben, ihrer Habe beraubt, in's Exil und in den Kerker gestoßen, auf so grausame Weise behandelt, daß Viele den unsäglichen Plackereien erlagen. Das geschah in mehreren Ländern, ohne daß auch nur der Schein eines gerichtlichen Verfahrens eingehalten wäre; ja in Spanien wurde nicht einmal der Vorwand der Vertreibung angegeben, weil die königliche Brust ihn in sich verschlossen hielt. Alles par ordre du roi, dem gegenüber die Kirche und ihre Einrichtungen nicht nur abhängig, sondern völlig rechtlos schienen.

74. Der große Beifall, den die Könige sich hierdurch bei den Ungläubigen erwarben, zeigte, daß die Kirche noch viel weniger von der durch diese herbeigeführten französischen Revolution zu erwarten hatte. Das ging denn auch wirklich in Erfüllung. Die Revolution spottete im Namen der Freiheit der berechtigtesten aller Freiheiten; sie wollte die kirchliche Constitution dem französischen Klerus aufzwingen; wer den Constitutionseid verweigerte, oder einem nicht beeidigten Priester irgend welchen Vorschub leistete, mußte die Guillotine gewärtigen. Wie viele Priester, wie viele Laien sind auf diese Weise nicht in jenen Tagen für die kirchliche Freiheit gestorben! Diese Zeiten gingen bald vorüber, aber nicht die Bestrebungen gegen die Freiheit der Kirche. Der Absolutismus Napoleons war nichts weniger als der religiösen Freiheit günstig. Es ist bezeichnend, daß er auf das Concilium von Paris einen Polizeicommissär schickte. Mit dem Papste schloß er freilich das Concordat ab, erließ aber zur Ausführung desselben die sogenannten organischen Artikel, welche, im Widerspruche mit den Bestimmungen des Concordates, der Kirche wiederum die gallicanischen Fesseln anlegten; ein Verfahren, das man auch anderwärts auf das Emsigste nachzuahmen wußte.

75. Dergleichen Vorgänge fanden die größte Billigung von Seiten der Liberalen. Hätten Juden eine solche Behandlung erfahren, man würde über Vertragsbruch, Heuchelei geschrieen haben: aber der Kirche, der ältesten, der ehrwürdigsten, der nützlichsten aller Gesellschaften gegenüber durfte man sich ungescheut Alles erlauben, und konnte dabei

sicher sein, man werde von jenen Freiheitsmännern nur deßhalb getadelt werden, daß man allzu schonend und ängstlich gewesen sei. Der Kirche gegenüber scheint ja nichts unrecht, auch nicht die ekelhaftesten Heuchesleien und Betrügereien, auch nicht die rohesten Gewaltthaten; unter dem Rufe: „die freie Kirche in dem freien Staate" darf man jeden Eingriff gegen die kirchliche Freiheit verüben. So verbündete sich wider die Kirche Alles, was nur Macht und Geltung auf Erden hatte: Regierung und Revolution, Absolutisten und Liberale, Presse und Wissenschaft, ja selbst viele aus den Reihen des Klerus standen gegen die kirchliche Freiheit. Was that die Kirche diesen Stürmen gegenüber, in denen sie menschslicher Weise untergehen mußte? Nie hat sie ihre Dogmen, ihre Grundssätze aufgegeben, nie ihre Freiheit sklavisch verläugnet; immer gegen die Eingriffe protestirt, das Placet der Regierungen nicht minder als die revolutionäre Constitution des Klerus standhaft verworfen, Jahr für Jahr in der **Bulla coenae** gegen die Feinde der kirchlichen Freiheit den Bann geschleudert und auch nach Aufhören der jährlichen Veröffentlichung jener Bulle doch fest an der Gültigkeit des genannten Anathems geshalten. Sie ist freilich in ihrer Liebe zur Eintracht den Regierungen mit großen Opfern entgegengekommen, aber nie hat sie dadurch ihre Ansprüche aufgegeben, im Gegentheil auch jene Opfer kraft der Freiheit gebracht, womit sie über ihre Angelegenheiten verfügen konnte. Durfte sie jedoch nicht nachgeben, so setzte sie der Uebermacht und der Gewalt Geduld entgegen, und sie konnte es, weil sie ewig ist, alle Angriffe überlebt und gerade in ihrem Leiden eine unbeugsame, unwiderstehliche Macht entfaltet [1].

76. Auch ein Felsen im Meere hält ruhig alle Stürme aus, die ihn umbrausen. Mag die Brandung der See auch seine Fundamente peitschen, mögen die schäumenden Wogen ihn bedecken, nach dem Sturme erhebt er sich doch wiederum majestätisch aus den Fluthen. Und wie vollends, wenn Gott selbst, mit der Herrlichkeit seiner Allmacht umsgürtet, auf diesen Felsen sein Haus gegründet, auf demselben seinen Thron aufgeschlagen, was vermöchten dann wohl Meer und Sturm gegen ihn?

> Der Herr hat ihn fest gebaut,
> Daß er nicht wanke.

---

[1] Ambrosius sagt sehr schön hierüber: Tyrannis sacerdotis infirmitas est: Cum infirmor, inquit, tum potens sum. (2 Cor. 12, 10.) Ep. 20. Opera omnia III, 907.

Hoch erhoben Fluthen, Herr,
Hoch erhoben Fluthen ihre Stimme,
Hoch erhoben Fluthen ihre Wogen in den Brandungen vieler Wasser —

Wunderbare Wogen des Meeres,
Wunderbar ist der Herr in der Höhe!

Deine Verheißungen sind überaus getreu:
Dein Haus bleibt unversehrt,
O Herr, auf ewige Zeiten.   (92. Psalm.)

77. Darum darf uns ob der Drangsale der Kirche nie der Muth
sinken. Allerdings können traurige Zeiten kommen, wo der Papst seinen
übermächtigen Feinden gegenüber wehrlos ist und seine Stimme spurlos
zu verhallen scheint. Gott hört sie jedoch. Wie zerstoben die Bourbo-
nischen Höfe, sobald der Sturm der Revolution heranbrauste! Sie, die
noch kurz vorher so gewaltig der Kirche gegenüber sich gebrüstet! Welch'
schnelles Gottesgericht brach über jene geistlichen Kurfürsten herein, die
in Ems unter dem Vorwand der Freiheit die Josephinistische Knechtschaft
proclamirten! Joseph II. selbst starb mit gebrochenem Herzen, da er
seine Pläne gescheitert, seine Länder in Aufruhr sah. Wer erhob ferner
stolzer sein Haupt und wer wurde tiefer in den Abgrund der Ohnmacht
geschleudert, als Napoleon I.! Er theilte das Schicksal der Griechischen
Cäsaren, der letzten Salischen Kaiser, der gewaltigen Herrscher aus dem
Staufischen Geschlechte, deren Absolutismus er nachgeahmt. Sie alle
sind dahin, die Kirche aber ist geblieben, und selten ist ihre Freiheit
größer gewesen, als in den heutigen Tagen. Nicht nur wird sie grund-
sätzlich fast überall anerkannt, sie kommt auch thatsächlich immer mehr
zur Geltung.

Vor allem sind Oesterreich und Preußen hochherzig in Deutschland
vorangegangen, jenes durch das Concordat, dieses durch die Constitution,
und in Süddeutschland ist für die kirchliche Freiheit ein Heros aufge-
treten, der ihr durch sein unerschütterliches, thatkräftiges Gottesvertrauen
zum Siege verhelfen wird. Mächtig hat Pius IX. für die kirchliche
Freiheit in der Encyclica seine Stimme erhoben, die von einem Ende
der Welt bis zum andern widerhallt und vom gesammten Episcopat
mit derselben Kraft wiederholt wird. Auch das katholische Volk hat
durch seine alle Erwartungen weit übertreffende Theilnahme am Jubi-
läum gezeigt, was es von diesen Kundgebungen halte. Freilich hat ein
mächtiger Kaiser die Veröffentlichung der Encyclica und des Syllabus
zu hindern gesucht, was hat es ihm aber genützt? Durch dieses Verbot

hat Napoleon die päpstlichen Erlasse bekannter gemacht, als sie sonst je geworden wären. Er hat dadurch einen Protest der französischen Kirche hervorgerufen und so in's helle Licht gesetzt, daß der Gallicanismus zu Grabe getragen ist und die französischen Bischöfe nicht minder als die übrigen sich zur Vertheidigung der kirchlichen Freiheit um den hl. Stuhl schaaren.

78. Nachdem wir so in kurzen Zügen den Kampf der Kirche für ihre Freiheit geschildert, können wir hieraus einen doppelten Beweis schöpfen, je nachdem wir diese Thatsache vom Standpunkte des Glaubens oder von rein natürlichem Standpunkte aus betrachten.

1) Der Glaube lehrt uns, daß die Kirche vom heiligen Geiste geleitet wird; es kann darum nicht Anmaßung, nicht Irrthum sein, wofür die Kirche Jahrhunderte lang mit allen ihr zu Gebote stehenden Mitteln, selbst mit den strengsten Strafen und Censuren gekämpft und gerungen; wofür sie Alles erduldet, selbst das Blut ihrer Kinder freudig geopfert. Wahrlich, wenn die Kirche nicht kraft göttlichen Rechtes frei wäre, so hätte sie mehr denn 1800 Jahre geirrt, so wären gottlos die Worte gewesen, welche sie mit den Aposteln nun fast 2000 Jahre den ihre Wirksamkeit hemmenden Fürsten zugerufen hat: „Man muß Gott mehr gehorchen als den Menschen."

2) Stellen wir uns auf den rein natürlichen Standpunkt, so lehrt uns die Geschichte so vieler Jahrhunderte, daß keine Macht der Welt die Freiheit der Kirche zu unterdrücken vermochte. Alles hat man ja dagegen aufgeboten: rohe Gewalt, alle Künste der Diplomatie, die Gelehrsamkeit und das Genie feiler Menschen, Zeitungsschreiber und Redner. Vergebens; die Geschichte zeigt, daß an diesem Felsen jede irdische Macht zerschellte, daß seine Festigkeit übermenschlich, daß er durch die göttliche Vorsehung beschützt, das einzig Bleibende und Stätige ist mitten im Fluß der irdischen Dinge. Was nützt es also, gegen diesen Felsen anzurennen, den bisher nichts zu zertrümmern vermochte? „Das Firmament Gottes steht fest, so schrieb einst für die kirchliche Freiheit der Papst Gelasius dem Kaiser Anastasius. Man kann dagegen streiten, doch Gott nicht besiegen, seine Anordnungen nicht umstürzen."

79. Die Kirche ist also frei und unabhängig vom Staate und das vermöge göttlichen Rechtes. Ja, ohne diese Freiheit würde sie alle Vorzüge einbüßen, welche sie als göttliche Braut kennzeichnen. „Ich glaube an eine heilige katholische Kirche", dieses Bekenntniß haben wir von unserer Kindheit an abgelegt und vor uns viele Jahr-

hunderte hindurch die gesammte Christenheit. Es gibt nur Eine Kirche und ihre Einheit ist, wie sie zum innersten Wesen derselben als Gesellschaft gehört, so auch der Grund ihrer andern Vorzüge, aber gerade dieser Einheit widerstrebt nichts mehr als die Abhängigkeit derselben vom Staate. Die Einheit setzt nämlich durchaus eine einzige höchste Autorität voraus, welche die über die ganze Erde zerstreute Kirche fest zusammenhält. Wäre jedoch die Kirche der Staatsgewalt unterworfen, so müßte sie, da jede Staatsgewalt auf ihrem Gebiete selbstständig ist, nicht Einer höchsten Autorität, sondern vielen Herren dienen; wie wäre das aber möglich, da´ Niemand in derselben Sache zweien Herren dienen kann? Die kirchliche Einheit würde mithin durch die Abhängigkeit von vielen, unter sich gänzlich selbstständigen Herren zerrissen.

Die Geschichte bestätigt das. In der orientalischen und protestantischen Christenheit gibt es so viele kirchliche Gesellschaften, als Staaten und Fürsten, denn, wie auch schon von protestantischer Seite richtig bemerkt wurde, die Aehnlichkeit verschiedener Kirchen macht noch nicht deren Einheit aus. In der katholischen Kirche selbst stellte sich mit der mehr und minder großen Abhängigkeit der einzelnen Theilkirchen vom Staate zugleich auch ein mehr oder minder schroffer Gegensatz gegen den von Christus bestellten Mittelpunkt der Einheit, den apostolischen Stuhl, heraus. Mit der Freiheit verlöre also die Kirche ihre Einheit.

Mit der Einheit würde aber auch die Katholicität der Kirche zerstört; denn die Kirche ist nur dadurch katholisch (allgemein), weil sie eine und dieselbe auf dem ganzen Erdboden ist. In der That nichts ist dieser Katholicität mehr zuwider, als die ganz einseitige Hervorhebung politischer, nationaler Interessen, was bei der Abhängigkeit der Kirche vom Staate ganz unvermeidlich ist.

80. Die Kirche verlöre damit ferner ihre Heiligkeit, sie würde ja nicht mehr vom hl. Geiste und von den durch den hl. Geist gesetzten Obern regiert, sondern müßte den Interessen der jeweiligen politischen Machthaber und darum oft den unheiligsten Zwecken dienen. Dieß zeigt sich besonders in der Besetzung der Stellen; denn nur allzuleicht geschieht es, daß diese in den unfreien Kirchen lediglich nach irdischen Rücksichten, besonders nach dem Angebot von Geld oder auf schmutzige Empfehlung hin an die unwürdigsten Menschen vergeben werden. Aus solcher Simonie folgt aber naturgemäß Unwissenheit und Verderbniß des Klerus und hieraus das größte Unheil für die gesammte Kirche. Dieß ist um so mehr der Fall, da eine unfreie Kirche nicht mehr unge-

hindert ihre segensreiche Wirksamkeit zur Besserung der Menschen ent=
falten kann.

Wer für die zahlreichen Beispiele aus früherer Vergangenheit keinen
Sinn hat, möge auf den gegenwärtigen Verfall der Griechischen Kirche
sehen, welcher aus der schon früher erwähnten Sklaverei derselben ent=
steht. In der elendesten Weise wird um das Patriarchat gebuhlt und
gefeilscht. Nicht nur an den Sultan muß man dafür große Summen
zahlen, sondern auch an die Höflinge, die Veziere, Eunuchen, Frauen
der Sultane, Bedienten, durch deren Gunst man sich zur Würde ver=
hilft oder in derselben behauptet. So wie nun der Pforte daran ge=
legen ist, möglichst oft einen Patriarchenwechsel wegen der damit ver=
bundenen Einnahmen herbeizuführen, so finden auch die Patriarchen ihr
Interesse dabei, möglichst viele Metropoliten, Erzbischöfe und Bischöfe
zu ernennen und abzusetzen und diese Würden an die Meistbietenden zu
vergeben. Die Bischöfe machen es ihrerseits den Popen so, wie ihnen
von den Patriarchen geschieht. Nach diesen Verhältnissen darf uns selbst
das Unglaublichste, was wir über die Simonie des niedern Klerus er=
fahren, nicht mehr Wunder nehmen. Wir dürfen nicht darüber staunen,
daß er alle, auch die heiligsten Verrichtungen nur für theures Geld
verkauft, um Weib und Kind zu ernähren. Haarsträubend sind die
Thatsachen, welche in dieser Beziehung berichtet werden [1]. Verkauft
man doch selbst den Platz im Himmel nach der Elle abgemessen für
Geld [2]. Der Greuel der Betrügerei, womit die Griechen jeden Char=
samstag die heiligste Stätte der Welt, das Grab des Herrn, entweihen,
ist weltbekannt. Auch andere Kirchen, selbst die katholische [3], liefern für
unsere Behauptung, daß der Heiligkeit der Kirche kaum etwas so wider=
strebt, als ihre Abhängigkeit vom Staate, die traurigsten Belege.

81. Das wird uns jedoch noch deutlicher, wenn wir den Urgrund
der Heiligkeit der Kirche erwägen. Dieser ist der hl. Geist, welcher der
Kirche bei ihrer Gründung gesandt ward und das Princip ihres höhern
Lebens ist. Der absoluten Unabhängigkeit des hl. Geistes ist nun nicht
entgegen, sich der von ihm bestimmten Menschen als Werkzeuge zu be=
dienen, wodurch er das Leben der Kirche vermittelt und regiert; wir
wissen vielmehr aus zahlreichen Stellen der hl. Schrift, daß er solches
durch die von ihm gesetzten kirchlichen Obern, die Apostel und ihre recht=

---

[1] So selbst Pichler, Geschichte der Trennung I., 427.
[2] Menzel, Geschichte der letzten vierzig Jahre II., S. 425.   [3] Siehe N. 66. 68.

mäßigen Nachfolger, thun will. (Apostelgesch. 20, 28. 15, 28; 1 Cor. 7, 40; Joh. 14, 26. 16, 13.)

Wenn aber Andere in die Kirche eingreifen, deren Thätigkeit meistern, ihren Obern und Gesetzen widerstehen, so heißt das, den heiligen Geist und seine Wirksamkeit in der Kirche tyrannisiren wollen. Er soll ja in diesem Falle nicht nach eigenem Gefallen, noch durch die Obern, durch die es ihm beliebt, sondern nach dem Willen unberufener Menschen in der Kirche wirken. Die Eingriffe in die kirchliche Freiheit sind mithin ein Frevel gegen den hl. Geist, ein Attentat auf die höchste Unabhängigkeit und Oberherrlichkeit Gottes.

Hieraus begreift man auch, weßhalb die Kirche mit so großem Eifer für ihre Freiheit kämpft. Jedem Leben ist wesentlich, aus einem innern Principe zu fließen und wider alle störenden Einflüsse von außen zu kämpfen[1]. Wie viel mehr gilt das nicht von der Kirche, deren Lebensprincip der hl. Geist, die absolut unabhängige Gottheit ist.

82. Durch ihre Abhängigkeit vom Staate verlöre die Kirche auch den Charakter der Wahrhaftigkeit. Die Kirche darf keine Wahrheit erfinden, sondern soll die ganze von Christus geoffenbarte Wahrheit und nur diese bezeugen, wie aus vielen Stellen der Schrift hervorgeht und von Niemanden bezweifelt wird. Eine nothwendige Eigenschaft jedes Zeugen ist aber vor Allem die Unabhängigkeit. Hören wir darüber einen der berühmtesten Vorkämpfer für die kirchliche Freiheit[2]. „Wenn in einem Rechtsstreite über Thatsachen Zeugen abgehört werden, lassen weder die Gerichte, noch die Parteien Zeugen gelten, welche den Verdacht gegen sich haben, sich in ihrem Zeugnisse von etwas Anderm als von der Wahrheit leiten zu lassen; darum machen Abhängigkeits-Verhältnisse den Zeugen verwerflich. Es könnte doch recht wohl sein, daß ein solcher Zeuge nur die Wahrheit bezeugen würde, aber seine Verhältnisse geben dem Verdachte Raum; die Form der Unparteilichkeit, der Stempel der Wahrhaftigkeit mangelt. So nehmen es die Menschen, wenn der Gegenstand des Streites sehr unbedeutend ist — etwa einige Groschen — und daß es so genommen wird, ist ganz recht.“

„Nun, das Zeugniß über Thatsachen, wo davon, ob der Zeuge die Wahrheit saget oder nicht, unser ewiges Heil; wo davon, daß wir

---

[1] Siehe die schöne Rede des P. Felix auf dem Congresse von Mecheln 1864.

[2] Clemens August, über den Frieden zwischen der Kirche und den Staaten S. 56 ff.

die Sicherheit haben, er werde die Wahrheit sagen, unser Seelenfriede, unsere Gewissensruhe abhängt! — das Zeugniß über Thatsachen, worüber nur der hl. Geist Unterricht geben kann und nur durch die von ihm bestellten unfehlbaren Zeugen geben will! — soll nun bei einem Zeugnisse von solcher Wichtigkeit nicht gefordert werden, was bei einem Zeugnisse gefordert wird, wo der Gegenstand ein paar Groschen beträgt? daß man diese Frage machen kann, gereichet der Menschheit nicht zur Ehre."

83. Durch die Abhängigkeit verliert die Kirche endlich ihre für eine gedeihliche Wirksamkeit durchaus nothwendige Würde. Es liegt nun einmal in der Natur der Sache, daß ein serviler oder auch nur abhängiger Klerus keine Achtung und darum keinen Einfluß beim Volke hat. Die Ursache hiervon ist nicht bloß diese, daß Freiheit und Selbstständigkeit einem Jeden Würde und Ansehen verleihen; der hauptsächlichste Grund ist folgender: die Kirche will und muß geachtet sein als göttliche Autorität, ihr Wort will sie aufgenommen wissen als das Wort Gottes; was sie auf Erden bindet, als im Himmel gebunden; was sie auf Erden löset, als im Himmel gelöst. Wie könnte sie nun diese Anforderungen stellen, wenn sie unter dem Einflusse der Staatsbehörden stände, abhängig nicht nur von dem Fürsten und seinen Beamten, sondern vielleicht gar von feilen Günstlingen, von elenden Weibsbildern, falls diese die Gewalthaber beeinflussen sollten? Schon bei den ersten Eingriffen des Staates in kirchliche Angelegenheiten seufzte der große Athanasius, daß die Kirche Gottes von den Eunuchen des Constantius regiert werde [1].

84. „Aber nicht alle Fürsten sind solchen verkehrten Einflüssen unterworfen." Ohne Zweifel. „Also bricht die Spitze des genannten Beweisgrundes." Keineswegs. Denn ganz abgesehen davon, daß gerade schlechte Fürsten die Kirche am liebsten meistern, bleibt es doch immer wahr, daß die Herrscher, so vortrefflich sie auch sein mögen, von Gott keine Gewalt über die Kirche erhalten haben, mithin in kirchlichen Angelegenheiten nur eine menschliche Autorität besitzen. In Religionssachen ist aber der Mensch einzig Gott unterthan. Darum ist das Eingreifen einer rein menschlichen Gewalt in das Gebiet des Glaubens Willkür und Anmaßung.

---

[1] Hist. Arian. ad Monachos, 38 Ed. Migne I, 738. Auch den hl. Ambrosius nöthigte der kaiserliche Eunuch zu dem Wunsche: möchten doch Eunuchen von kirchlichen Angelegenheiten fern bleiben. ep. 20 in fine.

„Aber die katholischen Geistlichen sind und bleiben doch auch Menschen." Freilich. Indeß weiß der Katholik, durch Christi Wort belehrt, daß die Apostel und ihre Nachfolger ihm die Stelle Gottes vertreten. Darum ist ihm nichts natürlicher, als der kirchlichen Autorität in Glaubenssachen zu gehorchen und ihr das Allerwichtigste, das Seelenheil, anzuvertrauen. Aber es ist harte Tyrannei, schrecklicher Gewissenszwang, in den Angelegenheiten seines Heiles Andern folgen zu müssen, die von Gott keine Autorität über jene Dinge erhalten haben, mögen sie nun unmittelbar oder durch servile Geistlichen in Glaubenssachen meistern wollen. Beides läuft ganz auf dasselbe hinaus, nur daß das zweite eine Erniedrigung der geistlichen Gewalt in sich schließt. Denn, um einen Ausdruck des hl. Athanasius [1] zu gebrauchen, in diesem Falle wird mit den heiligsten Dingen Komödie gespielt, und die Bischöfe werden zu Komödianten herabgewürdigt. Kann etwas mehr der dem Klerus für seine Thätigkeit so nothwendigen Achtung widerstreben?

85. Wie groß die der Kirche nothwendige Achtung sein muß, ergibt sich aber noch aus einer andern Erwägung. Die Kirche soll nicht nur dem Bettler, sondern, wenn es Noth thut, mit Johannes, dem Täufer, auch dem Fürsten zurufen: „Es ist dir nicht erlaubt", mit Paulus nicht nur einfache Bürger, sondern auch Landpfleger an das Gericht und die Gerechtigkeit mahnen. Sie darf sich nicht begnügen, in den Tagen des Friedens, der Sicherheit ihres Amtes zu pflegen, sie muß es vor Allem in stürmischen, gefahrvollen Zeiten ohne Furcht des Todes erfüllen. Wie wird sie nun allen Ständen, auch den höchsten gegenüber, zu jeder Zeit, auch in den größten Gefahren ihrem schweren Berufe getreu sein, wenn sie nicht völlig unabhängig ist? Nur eine freie Kirche wird ihrer Pflicht ohne alle menschliche Rücksicht nachkommen, nur eine freie Kirche hat das nothwendige Ansehen, ohne welches ihr Wort, wie der Klang einer Schelle, verhallen wird.

Hieraus ergibt sich auch für die Staaten selbst ein wichtiger Grund, die Freiheit und Unabhängigkeit der Kirche zu schützen. Unter den Dogmen, welche die Kirche mit unbeugsamem Muthe festhält, ist auch jenes, welches der Apostel mit den Worten ausspricht: „Wer sich der (obrigkeitlichen) Gewalt widersetzt, widersetzt sich der Anordnung Gottes, und die sich widersetzen, ziehen sich selbst Verdammniß zu." Diesen Grundsatz in den Tagen der Gefahr auszusprechen, wagt ein serviler Klerus

---

[1] Histor. Arian. ad Monachos n. 52.

nicht, und wenn er es auch vermöchte, er hätte keinen Einfluß. Anders verhält es sich mit den Kämpfern für die kirchliche Freiheit.

86. Die Englischen Großen, weltliche und geistliche, hatten den hl. Anselm, Erzbischof von Canterbury, beschuldigt, seine Grundsätze über die kirchliche Freiheit könnten nicht mit der Würde des Königs und der Treue gegen denselben bestehen. Anselm wurde deßhalb verfolgt und verbannt. Nach seiner Rückkehr kamen große Gefahren über den König Heinrich. Robert zog gegen seinen fürstlichen Bruder; nach seiner Landung war Alles in Begriff, zu ihm überzugehen. Nur Anselm, der vermeintlich Treulose, war allein der Getreue. Ohne zu befürchten, die Gunst Roberts zu verlieren, wenn dieser siegen sollte, versammelte er die Fürsten und Bischöfe, bot seine ganze Kraft auf, ihr Gewissen zu wecken und sie an ihren Eid zu mahnen. Der greise Bischof ritt im Lager auf und ab, redete mit der ihm eigenen Lebendigkeit; sein Wort, das aus voller Brust hervorquoll, gewann die Soldaten; durch Anselms Beredsamkeit und Beispiel erschüttert, blieben alle dem Könige treu, und Robert mußte ohne Erfolg abziehen. Für den Staat bringt es also den größten Nutzen, einen glaubenseifrigen, freimüthigen katholischen Klerus zu haben. Bischöfe und Priester, die ihm Alles zu Gefallen thun, sind ihm eine morsche Stütze. „Mißfallen muß dir,“ rief Ambrosius einst dem mächtigsten Fürsten der Erde zu, „das (servile) Schweigen des Priesters, gefallen dessen Freiheit, denn du wirst mit verwickelt in die Gefahr des Schweigens, gerettet aber durch das Gut der Freiheit.“

Doch wohin schweife ich ab. Wir wollten ja hier für die Unabhängigkeit der Kirche nur Beweisgründe aus den christlichen Glaubenslehren entnehmen, die rein natürlichen Argumente aber einer folgenden Broschüre überlassen. Jene sind hinlänglich angeführt und demgemäß können wir den Schluß ziehen, daß nach allen Grundsätzen der christlichen Offenbarung und des katholischen Glaubens die Kirche eine völlig freie Gesellschaft ist, unabhängig im Sein und in der Wirksamkeit vom Staate.

87. Was die Gegner dagegen einwenden, läßt sich leicht widerlegen und ist bereits der Hauptsache nach abgethan. Wir können uns darum kurz fassen.

Daß jene Stellen aus der Schrift und den Vätern, welche im Allgemeinen zum Gehorsam gegen die Obrigkeit auffordern, nichts gegen das Gesagte beweisen, haben wir schon bemerkt. Ebenso wenig spricht für die Gegner der Schutz, welchen die Fürsten auf Ansuchen der Väter und geistlichen Obern in vielen religiösen Angelegenheiten der Kirche geleistet haben. Denn nach dem Willen der Kirche sollte dieses Eingreifen durchaus nicht ihrem Urtheile vorgehen, sondern dasselbe nur ausführen. Es ist darum keine unbefugte Einmischung in kirchliche Dinge, sondern nur eine unterwürfige Anerkennung dessen, was die Kirche frei und selbstständig angeordnet hatte, und steht mithin durchaus nicht mit der kirchlichen Unabhängigkeit in Widerspruch. Es läßt sich freilich nicht leugnen, daß manche Fürsten unter Vorgeben dieses Schutzes·die Freiheit der Kirche beeinträchtigt haben, aber dieses thatsächliche Vorgehen hat nie die Billigung der Väter oder der Kirche erfahren, vielmehr die kräftigsten Proteste hervorgerufen.

88. Da man für die directe Gewalt des Staates über die Kirche nichts aus der Schrift und Tradition beizubringen vermochte, suchte man in anderer Weise das Ziel seiner Wünsche, die Tyrannei in Glaubenssachen, zu erreichen. Es kommt hier zunächst das System in Betracht, welches zwischen innern und äußern Angelegenheiten der Kirche unterscheidet, und nur jene der freien Leitung der Kirche, diese aber dem Staate unterwirft. Wie oben bemerkt, widerstrebt dasselbe dem Rechte der Kirche auf Selbstständigkeit und Unabhängigkeit und ist auch vom Papste in der Encyclica verworfen. Es ist deßhalb hier in Betracht zu ziehen, und das um so mehr, als man gerade für diese Unterscheidung sich auf die hl. Väter beruft, die da an vielen Stellen behaupten: die Kirche habe für die Seelen, der Staat für die Körper, die Kirche für das Geistige, der Staat für das Irdische, Materielle zu sorgen. Hienach hätte die Kirche sich nur mit dem Innern zu befassen und müßte das Aeußere dem Staate überlassen. Deßhalb nannte sich auch Constantin mit Gutheißung der Kirche einen Bischof des Aeußern. Die besagte Unterscheidung scheint ferner in der Natur der Sache zu liegen; denn die Kirche hat wegen ihres Zweckes nur mit geistlichen Dingen zu thun, besitzt darum nur Gewalt über diese. Alles Aeußere ist somit der Aufsicht des Staates unterworfen.

89. Ist nun eine solche Theilung recht? Nein, und würde sie folgerichtig durchgeführt, so möchte der Staat noch weniger als die Kirche damit zufrieden sein. Denn der Staat könnte sich in der That mit Recht beschweren, daß man ihm bei der Theilung der Welt die Materie, die Kadaver, das rein Thierische als Antheil zugewiesen, der Kirche dagegen dasjenige zugetheilt, was den Menschen eigentlich zum Menschen macht. Die katholische Kirche ist billiger gegen den Staat; sie

spricht ihm den ganzen Menschen mit Leib und Seele zu, nur nicht nach allen seinen Beziehungen; denn auch sie will den ganzen Menschen haben, in wiefern er zu seinem letzten Ziel, zum Himmel, zu leiten ist. Eben wegen dieses Zweckes wird die Kirche und ihre dahin zielenden Einrichtungen und Mittel, auch wenn diese sichtbar und körperlich sind, doch etwas Geistliches genannt, und umgekehrt wird das, was in den Bereich des Staates fällt, weil es, wie dieser selbst, unmittelbar nur Irdisches zum Zwecke hat, zu den weltlichen, materiellen Dingen gezählt. Denn in den Gesellschaften ist das Allerwichtigste der Zweck, von dem deßhalb sie selbst und das, was zu ihnen gehört, ihre Benennung erhalten. Jene Ausdrücke der Väter sind also nicht in einem ausschließlichen Sinne zu nehmen, sondern es soll eben nur auf das bei jeder der beiden Gewalten vorherrschende Element hingewiesen werden [1].

90. Eine andere Auffassung ist nicht nur unkirchlich, sondern im höchsten Grade unsinnig. Oder ist es nicht Thorheit, eine Gesellschaft menschlicher Seelen ohne irgend welches äußere Band anzunehmen? Ist es nicht Thorheit, eine menschliche Regierung in rein innerlichen Angelegenheiten zu denken? Und umgekehrt, ist es nicht derselbe Wahnsinn, in einer menschlichen Gesellschaft nur eine Verbindung von Körpern zu sehen? Jede Gesellschaft auf Erden besteht also nicht aus Körpern, noch aus Seelen allein, sondern aus Menschen; die Wirksamkeit einer jeden Gesellschaft ist weder eine rein geistige, noch eine rein körperliche, sondern eine menschliche, beide Elemente umfassend; aber die Zwecke der menschlichen Gesellschaften sind verschieden und demgemäß sie selbst und ihre Wirksamkeit. Die Kirche hat ein anderes, höheres Ziel als der Staat, darum ist sie verschieden und unabhängig vom Staate, und auch ihre Wirksamkeit, obwohl sie wesentlich eine äußere ist, genießt dieselbe Freiheit und Unabhängigkeit.

Weil nun die Wirksamkeit der Kirche neben der innern zugleich eine äußere Seite hat, so kann und muß der Staat, wenn er mit der Kirche in das von Gott gewollte freundschaftliche Verhältniß treten will, ihr seinen weltlichen Arm zum Schutz und zur Unterstützung leihen, aber er soll hierbei der kirchlichen Entscheidung, wie bereits gesagt, folgen und darf in keiner Weise dem Urtheil der Kirche vorgreifen. Das Letztere würde die kirchliche Selbstständigkeit beeinträchtigen und ist nie von einem der hl. Väter gebilligt worden. Auf die erstere Weise handelte Con-

---

[1] Phillips, Kirchenrecht II., 533.

ftantin auf dem Concil von Nicäa. Er ließ die Bischöfe völlig frei be=
rathen und beschließen und unterstützte ihre Entscheidung durch Verban=
nung der Arianischen Bischöfe. Diese Handlungsweise, wodurch der
Kaiser sich als Sohn, nicht als Herrscher der Kirche zeigte, fand allge=
meine Anerkennung und in diesem Sinne legte er sich den Titel B i s ch o f
d e s A e u ß e r n bei [1].

91. Doch kehren wir zu unsern Gegnern zurück. Was an Wider=
spruch und Heuchelei leidet, kann nicht wahr sein. Beides darf man
aber, wie wir schon früher andeuteten, denen vorwerfen, die jene Un=
terscheidung zwischen den innern und äußern Angelegenheiten der Kirche
vertheidigen. Sie prahlen damit, die der Kirche zukommende Freiheit
nicht zu verkürzen, sie wollen nur dem Staate nicht die ihm wesentliche
Gewalt über die äußere Ordnung nehmen. Aber was thun sie? Weil
die gesammte Wirksamkeit der Kirche zugleich eine äußere ist, müssen sie
folgerichtig auch die gesammte kirchliche Wirksamkeit dem Staate unter=
werfen, und weil von der äußern Thätigkeit der Kirche zugleich ihr
Sein und Leben abhängt, unterwerfen sie die Kirche ganz und gar in
ihrem Sein und Wirken dem Staate. Auf diese Weise vernichten sie
trotz aller Phrasen die kirchliche Freiheit.

„Aber so weit gehen wir nicht," werden die Gegner antworten.
Wie weit gehet ihr denn? erwidern wir ihnen. Die Unterscheidung
zwischen dem Innern und Aeußern zieht, wenn sie nicht folgerichtig
durchgeführt wird, keine festen Grenzen, läßt Alles unbestimmt und gibt
darum die Kirche sammt ihrer Freiheit der Willkür der Ministerien und
Beamten anheim. Das wurde mit Recht im deutschen Parlament von
1848 und kurz darauf in der Preußischen Nationalversammlung [2] von
Katholiken und Protestanten geltend gemacht, als es sich darum handelte,
ob in den Grundrechten und der Constitution die Freiheit der Kirche
auf ihre innern Angelegenheiten zu beschränken sei oder nicht. „Die
leidige Unterscheidung," sagte ein Protestant (Blömer), „kämpft im Keime
wider Alles das, was man hier dem Volke durch die Grundrechte geben

---

[1] Kürzer noch fertigt der protestantische Gelehrte Richter den aus diesen Wor=
ten genommenen Einwand ab: „Dagegen," sagt er, „ist das Bestreben, schon für diese
Zeit aus einer vielbestrittenen Stelle bei Eusebius die Vermittelung des practischen
Bewußtseins (?) zum Begriffe des Majestätsrechts, oder einer landesherrlichen Ge=
walt über die äußere Ordnung der Kirche zu demonstriren, eine Ehre, deren jenes
Wortspiel des Eusebius nicht werth ist."

[2] Archiv für Kirchenrecht XI., 64 ff.

möchte. Sie ist eine Handhabe für den bösen Willen (und früher oder später, bemerkte ein Anderer, würden vermittelst dieser Handhabe alle andern Rechte illusorisch gemacht). Das Volk verlangt nach Brod, geben Sie ihm keinen Stein." „Man muß dem Volke diese Freiheit der Kirche, wonach es so lange gedürstet, nicht aus Fingerhüten, sondern aus vollen Schalen geben." (Laffaulx.)

In der That verwarf man in beiden Häusern die Beschränkung der kirchlichen Freiheit auf die innern Angelegenheiten und eine Frucht dieser Erörterungen ist der fünfzehnte Artikel der preußischen Verfassung, worin schlicht und einfach gesagt wird, die Kirche ordne und verwalte ihre Angelegenheiten selbstständig. „Doch könnte man die Unterscheidung nicht in dem Sinne beibehalten, daß man unter den äußern Angelegenheiten der Kirche die politischen und bürgerlichen Beziehungen ihrer Glieder und Einrichtungen verstände?" Nein, denn man versteht dann die Worte nicht nach dem gewöhnlichen Sprachgebrauche. Politische und bürgerliche Beziehungen sind keine kirchlichen Angelegenheiten und fallen selbstverständlich in den Bereich der Staatsgewalt. Es bleibt also dabei, die Kirche kann alle ihre Angelegenheiten, innere und äußere, selbstständig und unabhängig vom Staate ordnen.

92. Aber wir müssen hier noch andere Einwendungen gegen die kirchliche Freiheit widerlegen. Es darf uns das nicht verdrießen; grade aus der Lösung der Schwierigkeiten schöpft man oft das meiste Licht zur Erkenntniß wissenschaftlicher Fragen. Deßhalb wollen wir zunächst den Einwand erörtern, welchen man aus der Praxis der Kirche hernimmt, indem diese selbst dem Staate die Einmischung in gewisse kirchliche Angelegenheiten gestattet hat. Man denke nur an die Präsentation zu den vacanten Bischofsstühlen, welche insgemein den katholischen Fürsten bewilligt wird.

Wir wollen das Gewicht dieses Einwandes nicht verkennen, aber derselbe verliert seine Spitze durch die Erwägung, daß die Kirche solches freiwillig gethan hat, um ein freundschaftliches Einvernehmen mit dem Staate zu unterhalten. Freiwillig einem Freunde auf sich einen Einfluß gestatten, heißt noch nicht abhängig von ihm sein.

Was nun die Präsentation der Bischöfe betrifft, so vermeidet die Kirche auf das Aengstlichste Alles, was zu der Vermuthung Anlaß geben könnte, als ob die Gewalt der vom Fürsten präsentirten Bischöfe vom Fürsten herrühre. Sie gestattet darum dem Fürsten nur die Präsentation eines Candidaten; während sie selbst denselben nicht nur ordinirt, sondern ihm auch die Gewalt zu regieren gibt. Ferner behält sie sich das Recht vor, unwürdige Präsentirte zurückzuweisen und bei zu langer Verschiebung die Bisthümer ohne Weiteres zu besetzen. In beiden Punkten ist die jetzige Präsentation der Bischöfe verschieden von der alten Investitur durch Ring und Stab, wogegen die Kirche so sehr geeifert hat. Denn solche Belehnung mußte im Mittelalter, wo die symbolische Darstellung so große Macht auf die Gemüther ausübte, den Gedanken wecken, daß der Kaiser den von ihm Ernannten die geistliche, bischöfliche Gewalt verleihe, da er ihnen die Insignien derselben (Ring und Stab) ertheilte. Zudem war die Bestätigung der Bischöfe damals noch nicht ausschließlich dem Papste reservirt, darum war große Gefahr, daß durch die Investitur die unwürdigsten Creaturen der Fürsten in die höchsten Würden der Kirche eingedrängt wurden. Auch das ist nicht zu übersehen, daß die Investitur nicht kraft freier Bewilligung von Seiten der Kirche ausgeübt ward, wie es mit der jetzigen Präsentation der Prälaten der Fall ist. Jene war somit wesentlich von dieser verschieden und der kirchlichen Freiheit ganz und gar entgegen.

93. Einen andern Einwurf können wir kurz abmachen, so sehr ihn auch die Gegner betonen. Später werden wir ausführlicher noch darauf zurückkommen. Die Kirche, behaupten jene, habe den Fürsten das Placet eingeräumt, die Befugniß nämlich, die Veröffentlichung der Kirchengesetze, wie überhaupt die Anordnungen der geistlichen Obergewalt von ihrer oberherrlichen Genehmigung abhängig zu machen. Solche Befugniß widerstrebt natürlich ganz und gar der kirchlichen Freiheit. Nuyts führt von allen Päpsten nur Benedikt XIV. für seine Ansicht an. In der That läßt sich leicht zeigen, daß die Kirche durch den Mund ihres Oberhauptes fortwährend gegen das königliche Placet protestirt habe.

Macht Benedikt XIV. aber hierin keine Ausnahme? Denn wenn man Nuyts [1] Glauben schenken dürfte, so hätte er, obwohl mit einigen Einschränkungen, beim Concordat mit Sardinien das Placet gebilligt.

Doch schon der Umstand, daß Nuyts unter allen Päpsten sich nur auf Benedikt XIV. zu berufen wagt, läßt an der Richtigkeit seiner Angabe zweifeln. Wie sollte sich Benedikt in den schreiendsten Widerspruch mit der Handlungsweise aller seiner Vorgänger gesetzt haben? Bei näherer Prüfung gewahren wir auch sogleich die Grundlosigkeit jenes Vorwurfes.

---

[1] Il professore Nuyts ai suoi concittadini p. 49.

Benedikt **XIV.** hat der Sardinischen Regierung in Betreff gewisser päpstlicher Verfügungen gestattet, Einsicht davon zu nehmen, ohne jedoch dieses darin zu bemerken, oder eine Note beizufügen, viel weniger ihre Gültigkeit irgendwie zu beeinträchtigen. Das ist aber vom Rechte des Placet's noch himmelweit entfernt [1].

Noch ein anderes Argument will man aus der pragmatischen Sanction Ludwigs **IX.** ziehen, den die Kirche als Heiligen verehrt und hiemit allen Fürsten als Muster vorstellt, obwohl die in jenem Actenstück enthaltenen Verordnungen die Unabhängigkeit der Kirchengewalt schmälern. Dieses Actenstück ist aber verfälscht, wie jetzt unter Kritikern allgemein feststeht und damit ist auch jene Schwierigkeit beseitigt [2].

94. Doch genug von den positiv christlichen Gründen gegen die kirchliche Freiheit. Man stützt sich jetzt wenig mehr darauf. Man holt vielmehr gegenwärtig seine Argumente aus den Schatzkammern des Naturrechtes. Wir können uns aber hierauf nicht einlassen, weil, wie schon bemerkt, die naturrechtliche Seite unserer Frage einer folgenden Broschüre überlassen bleibt. Nur soviel sei hier gesagt: Nach allen Grundsätzen eines vernünftigen Naturrechtes kann Gott die Gewalt der Fürsten einschränken, weil diese, so hoch sie auch stehen, doch nie über den lieben Gott hinauswachsen. Stände darum auch wirklich fest, daß den Fürsten an und für sich die Gewalt zukäme, die religiöse Gesellschaft zu leiten, so könnte doch Gott dieses Recht einschränken, und daß er wirklich seine Kirche von den Fürsten unabhängig gemacht hat, haben wir genugsam aus der Offenbarung bewiesen. Das, wird man entgegnen, genirt die Gegner wenig, da die Mehrzahl unter ihnen keine Offenbarung anerkennt, sondern sich bloß auf die Vernunft steift. Oh, wenn sie nur auf die Vernunft hörten! aber sie achten ebensowenig auf die Vernunft, als auf den Glauben; kein gesunder Menschenverstand kann solche Widersprüche ertragen, die sie ohne alles Bedenken aufstellen.

Sie wollen eine Scheidung von Kirche und Staat, und fordern dennoch immer die Einmischung des Staates in kirchliche Angelegenheiten.

Sie wollen Gewissensfreiheit und hindern doch die Katholiken, nach ihrem Gewissen der Kirche zu folgen.

Sie wollen Associationsfreiheit und treten die mehr denn tausendjährigen Rechte der kirchlichen Gesellschaften mit Füßen.

[1] Archiv für katholisches Kirchenrecht XI. 262, Note.
[2] Siehe die Monographie Dr. Rösen's über diesen Gegenstand.

Sie prahlen damit, daß der Polizeistaat zertrümmert sei, und bauen ihn gegen die Kirche von neuem auf. Da werden alle möglichen Präventiv=Maßregeln hervorgesucht, daß sie nicht etwa schade. Die katholische Kirche soll mit den Schurken unter Polizeiaufsicht stehen, ihr Vermögen, wie das der Verschwender oder Mündel, unter Curatel bleiben.

Freiheit der Presse! Ja! und man verwehrt doch den kirchlichen Obern das Recht, frei zu sprechen, das sie seit 2000 Jahren ausgeübt und mit Strömen Martyrerblutes erkauft. Man hat freies Verfügungs=recht! Tausende oder Hunderttausende, wenn man deren hat, darf man an Tänzerinnen und Sängerinnen, für Hunde und Pferde ausgeben; aber man muß nach den Systemen jenes kirchenfeindlichen Liberalismus sich allerhand Plackereien und Beschränkungen unterwerfen, will man etwas der Kirche geben: der todten Hand, die unzählige Arme genährt, gekleidet, unermeßliche Strecken urbar gemacht, welche die Feder und Pinsel herrlicher denn alle andere geführt, jener todten Hand, die alles belebt, das sie anrührt.

Schutz des Eigenthums wird ausgerufen, und doch werden der Kirche ihre Güter und Stiftungen geraubt.

Wer solche Widersprüche nicht scheut, für den verschlagen auch die triftigsten Vernunftgründe nicht. Wir können darum von ihnen abstehen.

95. Wenn die Kirche nun frei und unabhängig vom Staate ist, so hebt das die Selbstständigkeit des Staates nicht auf, im Gegentheile ist diese von der Kirche zu allen Zeiten mit der größten Entschiedenheit bekannt; wohl aber folgt aus dem Gesagten, die kirchliche Gewalt sei durch göttliches Recht geschieden von der staatlichen Gewalt; ein Grundsatz, dessen Leugnung Pius IX. in der Encyclica zu den Irrthümern der Häretiker zählt.

Worin diese Verschiedenheit besteht, ist im Vorhergehenden bereits angedeutet. Der Staat ist natürlicher, die Kirche übernatürlicher Ordnung. Der Staat hat einen irdischen Zweck, die Kirche einen himmlischen. Und weil der Zweck einer Gesellschaft Alles andere bestimmt, so sind auch die Mittel, die Gewalten, die Wirksamkeit in beiden Gesellschaften verschieden. Der einzelne Staat ist nach Zeit und Raum beschränkt, die Kirche soll alle Zeiten und Orte umfassen.

96. Wir haben jetzt den ersten Theil des 19. Satzes des Syllabus hinlänglich erörtert. Aus der Falschheit des ersten Theiles jenes Satzes ergibt sich leicht die Falschheit des zweiten:

„Die Kirche besitzt nicht ihre eigenen, beständigen, von ihrem göttlichen Gründer ihr verliehenen Rechte, sondern der Staatsgewalt steht es zu, zu bestimmen, welches die Rechte der Kirche und die Grenzen sind, innerhalb deren sie eben diese Rechte ausüben dürfe."

Das Recht ist eine unverletzliche [1], moralische Fähigkeit, Etwas zu

---

[1] Aus der Unverletzlichkeit der Rechtspflicht von Seiten anderer Menschen ergibt sich von selbst ihre Erzwingbarkeit. Diese gehört allerdings zum Wesen des Rechtes, nicht aber das thatsächliche Bestehen einer äußern Ordnung, welche den Zwang ausübt, mag dieselbe auch von unserer vernünftigen Natur zur Beseitigung von Willkür und Rache gefordert werden. Darum kann das Recht unabhängig von einer staatlichen Ordnung bestehen, ja es muß sogar vor derselben gedacht werden, da der Staat erst zum Schutze des Rechtes gegründet ist; wenigstens ist dieß einer seiner vorzüglichsten Zwecke. Es folgt ferner daraus, daß schon im Naturrechte förmliche Rechtssätze enthalten sein können. Die weitere Entwickelung und Begründung dieser Behauptungen vom philosophischen Standpunkte aus muß einer spätern Broschüre vorbehalten werden, doch sei es mir gestattet, hier eine Ausstellung zu berücksichtigen, welche von einer höchst achtungswerthen Seite der dritten Laacher Stimme gemacht wurde. In einer Recension der Wiener Literaturzeitung, die mir leider erst nach der zweiten Ausgabe meiner Broschüre zu Gesicht gekommen ist, bemerkt ein um das Kirchenrecht verdienter Gelehrter, in meiner Vorstellung scheine „das Naturrecht ein Inbegriff von förmlichen Rechtssätzen" zu sein, „etwa erkennbar aus irgend einem approbirten Compendium (vielleicht von Taparelli)". So hoch ich nun auch die Autorität jenes Mannes achte, so glaube ich doch nicht mit ihm von der gewöhnlichen Ansicht der ältern Canonisten und Juristen abgehen zu sollen, welche wegen mehrerer Aussprüche des Römischen und Canonischen Rechtes das Naturrecht für eine förmliche Rechtsquelle halten zu müssen glaubten. Um mich vorerst auf den von mir erörterten Satz zu beschränken, so scheint mir zweifellos, daß die Kirche dem Gesetze der Unauflöslichkeit der Ehe, auch inwiefern es im Naturrecht enthalten ist, vollgültige Rechtskraft beilegt. Tritt nämlich ein Ungläubiger zum Christenthum über, so wird er, falls er keine Dispens erhält, durch Zwang angehalten zu seiner ersten Frau zurückzukehren, mag er auch schon nach deren Entlassung eine zweite geheirathet haben. Eine solche Verbindung mit einer zweiten Frau zu Lebzeiten der ersten ist in den Augen der Kirche keine rechtsgültige Ehe. (Dubitandum non est de adulterio. Benedict. XIV. Quaest. canon. DXLVI. n. 12.) Es wäre freilich möglich, daß der Heide das Gesetz der Unauflöslichkeit der Ehe unverschuldeter Weise (durch eine ignorantia invincibilis) nicht gekannt; in diesem Falle würde er durch jenes Gesetz, in sofern es als ein Sittengebot betrachtet wird, subjectiv nicht verpflichtet und somit beginge er durch die zweite Heirath keine Sünde, nichts destoweniger bliebe nach Anschauung der Kirche das genannte Gesetz als eine objective Rechtsnorm bestehen, welche die zweite Ehe ungültig macht. Und zwar hat es nach dem canonischen Rechte diese rechtliche Geltung, inwiefern es eine Bestimmung des Naturrechtes ist. Denn offenbar hat es dieselbe nicht erst vom Gewohnheitsrecht erhalten, in das die sogenannte historische Schule das Naturrecht auflösen will. Das Gewohnheitsrecht spricht ja bei den Heiden für die Auflöslichkeit des Ehebandes. Ebenso wenig setzen die Gesetze heidnischer Staaten dessen Unauflösbarkeit fest. Auch die Anerkennung jenes Naturgesetzes von Seiten der Kirche ist für die rechtlichen Verhältnisse unter

besitzen oder zu thun. Dem Recht entspricht also eine unverletzliche Pflicht, dieses Recht zu achten und seine Ausübung nicht zu stören.

---

den Ungläubigen nicht maßgebend. „Die Heiden,“ sagt Innocenz III. (c. Gaudemus. 8. X. de divort. IV, 19), „werden durch die canonischen Bestimmungen nicht eingeschränkt, denn „was geht es uns an“, wie der Apostel schreibt, „über die, welche draußen sind, zu urtheilen?“ Wenn mithin der Satz von der Unauflöslichkeit der Ehe die ihm von der Kirche beigelegte rechtskräftige Geltung unter den Heiden nicht durch die Anerkennung von irgend einer äußern, staatlichen oder kirchlichen Rechtsordnung erhält, woher bekommt er denn diese seine Bedeutung? Offenbar nur aus dem Naturrecht. Nach der Anschauung der Kirche hat also das Naturrecht und insbesondere die von mir erörterte Bestimmung desselben eine rechtskräftige Geltung ganz unabhängig von aller äußern Rechtsordnung. Doch, wird man vielleicht entgegnen, wo bleibt da die Erzwingbarkeit, die doch zum Wesen des Rechtes gehört? Nun, dieser Einwand wurde bereits oben berührt, denn über die Beschaffenheit der zum Recht durchaus nothwendigen Erzwingbarkeit habe ich schon im Eingang der Note gesprochen. Uebrigens kennt auch das Canonische Recht ganz im Einklang mit den Pandekten einen in dem Naturrechte begründeten thatsächlichen Zwang zum Schutze gewisser natürlichen Rechte, da es die Nothwehr von der Natur herleitet (dist. 1. c. 7. cf. c. 3. X. de sent. excom. (V, 39.) L. 3. ff. de justitia et jure (I, 1.). Die Wahrheit des Letztern muß übrigens Jedem einleuchten. „Es ist das,“ wie schon Cicero in seiner schönen Weise sich ausdrückt, „nicht ein geschriebenes, sondern ein angebornes Gesetz, das wir nicht erlernt, gehört, gelesen, sondern aus der Natur selbst erfaßt, geschöpft, ausgedrückt, das nicht Lehre, sondern Erschaffung, nicht Unterweisung, sondern Einpflanzung uns gegeben.“ Da wir nun Leben und Eigenthum durch die Nothwehr vertheidigen dürfen, was sollte da noch den beiden Geboten: du sollst nicht tödten, du sollst nicht stehlen, was, sage ich, sollte diesen Geboten der Natur noch zu förmlichen Rechtssätzen mangeln? Werden sie nicht allgemein gekannt? Gehört ihr Gegenstand nicht zum Rechtsgebiete? Endlich haben wir, wie gezeigt, auch von der Natur die Vollmacht, die Anerkennung unseres Rechtes auf Leben und Eigenthum nöthigenfalls mit Gewalt zu erzwingen. Was sollte also jenen beiden Geboten der Natur mangeln, um eigentliche Rechtssätze zu sein? Etwa der Umstand, daß wir auf dem Gebiete eines Staates nur in Nothfällen zu der in der Nothwehr liegenden Anwendung von Zwang greifen dürfen? Mit Nichten. Wenn die vernünftige Natur Zwang zum Schutze des Rechtes gestattet, so erfordert sie durchaus, daß wir dieses, wie Alles andere, in geordneter Weise thun und mithin, wo möglich, uns an die von der Natur selbst zum Schutze jener Rechte gewollte staatliche Ordnung wenden. Jener Umstand verschlägt also gar nichts gegen die aus dem natürlichen Rechte der Nothwehr sich ergebende Folgerung, daß gewissen Rechten Erzwingbarkeit zukomme, nicht erst kraft staatlicher oder kirchlicher Bewilligung, sondern vermöge eines natürlichen Rechtes, und indem das Canonische und das Römische Recht dieses anerkennen, bekräftigen sie das, was sie an die Spitze ihrer Gesetzbücher gestellt haben, nämlich die Existenz eines eigentlichen Naturrechtes. Aber wird nicht hierdurch der Standpunkt der Kirche als einer durch und durch positiven Institution aufgegeben? Hierauf diene zur Antwort: Allerdings ist die Kirche eine positive Anstalt, aber sie hat durchaus die menschliche Natur mit ihren Fähigkeiten und Rechten, insbesondere gewisse durch die bloße Vernunft erkannte, sittliche und religiöse Wahrheiten zur Voraussetzung. Sie ist eine positive

Beides: Recht und Pflicht, hangen innig zusammen, und wie Gott das letzte Fundament dieser Pflicht ist, so ist er auch die erste Quelle alles Rechtes. Das steht wenigstens über Alles fest, daß, wenn Gott ein Recht gründet, Jeder es anerkennen muß. Wenden wir das Gesagte auf die Kirche an.

Es gibt, wie wir gesehen, keine gewissere Thatsache in der Ge= schichte, als daß Christus und mithin Gott die katholische Kirche ge= gründet hat. Er hat im Wesentlichen ihre Verfassung, ihre Merkmale, ihre Gewalten, ihre Wirksamkeit geordnet, er wollte daß die Kirche, so wie er sie gegründet, bestehen und thätig sein sollte und zwar frei und unabhängig vom Staate. Diesen Willen Gottes zu achten, ist eines Jeden, auch der Fürsten heiligste, unverletzlichste Pflicht. Demgemäß hat die Kirche dem Staate gegenüber ein unverletzliches Recht zu sein, und die ihr von Gott zurtheilte Wirksamkeit auszuüben; sie hat mit= hin selbstständige Rechte, und diese sind nicht erst vom Staat bestimmt, sondern von Gott, durch dessen Willen die Kirche besteht. Der Staat darf der von Gott in der Kirche gesetzten Ordnung nicht widerstreben, sondern muß sie anerkennen als etwas Höheres, unabhängig von ihm Bestehendes, und wie er sie nicht gegründet, so hat er auch nicht ihre Grenzen abzumarken und ihr Maß zu bestimmen. Mit Recht wurde

---

Anstalt, freilich, aber sie glaubt und will, daß das Naturrecht ein unverrückbares Fundament für das gesammte menschliche Leben bleiben müsse. Darum sehen wir denn auch die Kirche für die natürliche Erkenntniß= und Willenskraft, für die ge= nannten Wahrheiten der bloßen Vernunft, für die Geltung des Naturrechtes mit einem Eifer eintreten, als ob durch Läugnung dieser Dinge ihr der Boden unter den Füßen weggezogen würde. Weil, wie schon bemerkt, das Naturrecht ein unver= rückbares Fundament für das ganze menschliche Leben abgibt, so ist seine Kenntniß auch von der größten Wichtigkeit, wie für jedes Recht überhaupt, so auch für das canonische insbesondere und es ist darum zu bedauern, daß manche hochverdiente Männer der historischen Schule ihren gerechten Unwillen über die maßlose Willkür in der Behandlung der Rechtsphilosophie bis zur Läugnung der vollgültigen Rechts= kraft des Naturrechtes getrieben haben. Weit entfernt hierdurch den radicalen Be= strebungen vorzubeugen, haben sie vielmehr denselben Vorschub geleistet, da solchen nichts erwünschter sein kann, als der Satz, es gebe kein Recht unabhängig von einer äußern Rechtsordnung. Von diesem Satze gelangt man bald zu den andern: Unabhängig vom Staat kein Recht, der Staat 'oder auch der Volkswille Quelle alles Rechtes, das Gesetz ist das öffentliche Gewissen u. s. w. Solchen Bestrebungen gegenüber ist durchaus die Selbständigkeit und Geltung des Naturrechtes zu ver= theidigen, die Wahrheit festzuhalten, es könne Rechte geben unabhängig vom Staate. Das setzt denn auch die These voraus, welche wir hier vertheidigen und eben deß= halb möge die Länge dieser Abschweifung entschuldigt werden. (Cf. Archiv f. K.=R. I. 65.)

deßhalb bereits in der erften Broschüre [1] bemerkt, daß die Formel über das Verhältniß zwischen Staat und Kirche durch den Glauben, also durch göttliche Autorität, grundgelegt ist und daß wir nicht zwei, son= dern nur Eine rechtmäßige Auslegung der Glaubensgrundsätze, in der Kirche nämlich, haben, welcher darin alle andern Gewalten unterge= ordnet sind.

Ein anderer Grund liegt in der von Gott gewollten Freiheit der Kirche. Hätte der Staat der Kirche die Grenzen vorzuschreiben, inner= halb derer sie ihre Rechte ausüben dürfe, so wäre ihre Wirksamkeit wiederum der Willkür der weltlichen Beamten preisgegeben und man weiß hinlänglich aus der Geschichte, auf welches winzige Maß gar manche derselben die Befugnisse der Kirche einschränken möchten.

97. Aus derselben kirchlichen Freiheit und Unabhängigkeit folgt denn auch die Falschheit des 20. Satzes des Syllabus.

„Die kirchliche Gewalt darf von ihrer Vollmacht keinen Gebrauch machen, ohne die Erlaubniß und Zustimmung der Staatsregierung."

Die Kirche hat ihre Vollmacht von Gott bekommen, sie bedarf da= rum keiner weitern Bestätigung der Menschen. Noch mehr. Sie bedarf nicht nur keiner Erlaubniß zur Ausübung der ihr von Gott anvertrau= ten Vollmacht, sondern muß, wenn es nöthig ist, dieselbe sogar gegen das ausdrückliche Verbot feindseliger Fürsten ausüben. Doch darüber haben wir genug gesprochen. Als den Aposteln untersagt wurde zu predigen, erwiderten sie: „Man muß Gott mehr gehorchen als den Menschen," und schon früher hatten sie der weltlichen Obrigkeit dasselbe Wort zugerufen, was man jetzt ihrem Nachfolger, Pius IX., so übel nimmt: Non possumus [2]. Der Apostel Paulus gibt den Grund davon an: „Es liegt mir die Nothwendigkeit ob. Weh mir, wenn ich nicht predige." Diese eiserne Nothwendigkeit, welche die Kirche ebenso wenig als der Staat ändern kann, ist die göttliche Ordnung.

98. Aber, könnte man sagen, wenn die katholische Kirche ohne Er= laubniß des Staates von ihrer Vollmacht Gebrauch machen und ihre Wirksamkeit entfalten kann, so muß der Staat dieselbe Befugniß auch allen andern religiösen Gesellschaften verleihen, denn was dem Einen recht ist, das ist dem Andern billig. Dann aber hätte die Obrigkeit keine Macht mehr, dem verderblichsten Sektenwesen zu steuern, den ge= fährlichsten Lehren vorzubeugen. Hierauf mag die Antwort dem Libera=

---

[1] S. 98. Note. [2] Act. 4, 20.

lismus schwer fallen, weil er unbeschränkte Religionsfreiheit für Jeden in Anspruch nimmt. Die katholische Kirche verwirft aber diese, ohne jedoch deßhalb auf ihr Recht verzichten zu müssen. Sie kann nämlich erwidern: Freilich muß dasselbe Recht Jedem gegeben werden, der dieselben glaubwürdigsten Beweisgründe und Rechtstitel für sich aufweisen kann, wie ich; der eben so wenig staatsgefährlich ist, wie ich; der eben so viel Segen und Festigkeit den Staaten bringt, wie ich. Sie kann auch auf ihr tausendjähriges historisches Recht hinweisen, das durch zahlreiche Besitzergreifungsdocumente, Verträge und andere Actenstücke verbrieft und verbürgt ist. In diesem Punkte durchdringen sich göttliches und menschliches Recht in wunderbarer Weise.

IV. Das Recht der Kirche auf den Erwerb und den Besitz irdischer Güter.

99. Die Natur des Gegenstandes [1], in welchem sich mehr als in jeder andern Befugniß der Kirche deren Unabhängigkeit ausdrückt, wird es rechtfertigen, wenn wir ihm einen besondern Abschnitt widmen, obwohl er mit strenger Folgerichtigkeit aus dem Vorhergehenden sich ableitet. Nimmt man nämlich einmal das Princip an, daß die Kirche eine von Gott gegründete, vollkommene Gesellschaft ist, so ergeben sich wie von selbst die übrigen Sätze. So ist es auch mit dem Rechte der Kirche auf irdische Güter, das wir jetzt vertheidigen wollen. Dasselbe wird aber durch folgende Sätze in Abrede gestellt, von denen die beiden ersten aus dem Syllabus, die beiden letzteren aus der Encyclica genommen sind:

26. Die Kirche hat kein ihr von Natur eigenes und legitimes Recht, zu erwerben und zu besitzen.

27. Die Diener der Kirche und der Römische Papst sind von aller Sorge für das Zeitliche und von jeglichem Eigenthume gänzlich auszuschließen [2]).

---

[1] Siehe Phillips, Lehrbuch des Kirchenrechtes S. 653 ff., sodann die Civiltà cattol. an vielen Stellen, besonders finden sich im Quad. 396. Sept. 1866 p. 652 ss. in übersichtlicher Weise die Gründe für das Recht der Kirche zusammen gestellt.

[2] Wir bringen die 27. These in Beziehung zur Säcularisation, wie es auch die Gegner thaten, welche das im Syllabus angezogene Actenstück (die Allocution vom 9. Juni 1862) besonders im Auge hat. Wir wollen jedoch nicht verhehlen, daß die These auch eine andere Auffassung zuläßt, daß nämlich, obwohl Eigenthum

Es ist im Einklang mit den Grundsätzen der heutigen Theologie und des öffentlichen Rechtes, wenn man das Eigenthum der Güter, welche im Besitze von Kirchen, von religiösen Genossenschaften und andern frommen Stiftungen sich befinden, der Staatsregierung zueignet und zuerkennt.

Die Excommunicationen, welche das Concil von Trient und die Römischen Päpste über diejenigen verhängt haben, welche in die Rechte und Besitzungen der Kirche übergreifen und sie an sich reißen, beruhen auf einer Vermischung der geistlichen Ordnung mit der bürgerlichen und politischen Ordnung, einzig um weltlichem Gut nachzugeben.

100. Diese vier Sätze stellen uns in ihrer Verkettung jenes System vor, das katholisch sein wollende Liberale zur Einziehung der kirchlichen Güter in katholischen Staaten ausgedacht haben. Auch in frühern Zeiten hatte man sich oft am Kirchengute vergriffen. Denn die Habsucht ist ein Grundübel der Menschen und so groß ist ihre Macht, daß sie den Menschen zu den größten Freveln hintreibt. Wir dürfen uns daher nicht wundern, daß man die Schranke so häufig durchbrach, welche Gott durch sein Gesetz und seine Strafen um die kostbaren Schätze der Kirche gezogen. Aber man ging dazumal gerader zum Ziele als jene Liberalen; man vergriff sich daran, wie Räuber zu thun pflegen, ohne auch nur einen Vorwand zu suchen; oder man schützte die Noth des Landes vor, zu deren Abhülfe die Kirche beitragen müsse. Den ungläubigen und häretischen Verfolgern der Kirche war es noch leichter, denn, war ihr Princip richtig, daß die Kirche eine unerlaubte Gesellschaft sei, so folgte daraus mit Nothwendigkeit deren Unfähigkeit, zu besitzen. Andere mittelalterliche Häresien kamen angesichts mancher mit dem Kirchengute getriebenen Mißbräuche auf den Wahn, der evangelische Rath der freiwilligen Armuth sei für die Geistlichen oder gar für alle Christen strenge Pflicht. So verfuhren in früherer Zeit die Gegner, die es nach dem Kirchengut gelüstete. Gegenwärtig, wo die schönen Phrasen herrschen, und die Heuchelei unter dem Scheine derselben die größten Gewaltthätigkeiten verübt, geht man auf Umwegen zu demselben Ziele und

___

und Verwaltung des Kirchengutes ausschließlich der Kirche zustehe, doch nicht der Klerus, sondern die Gemeinden und die von ihnen bestellten Laien dasselbe zu verwalten haben. Diese Auffassung wird in der folgenden Broschüre widerlegt, worin wir zeigen werden, daß nicht die Gemeinde, sondern der Klerus ausschließlicher Träger der kirchlichen Gewalt ist und daß ihm deßhalb auch das Recht zukomme, die Verwaltung des kirchlichen Eigenthums zu leiten. Es ist wohl unnöthig zu bemerken, daß wir hier nicht vom Kirchenstaat handeln werden, obwohl die 27. These so allgemein gefaßt ist, daß sie auch die weltliche Herrschaft des Papstes angreift. Darüber war genugsam die Rede in der IV. Broschüre, besonders S. 8 ff.

zwar durch folgendes System: Die Kirche, sagt man, habe kein von Natur eigenes Recht zu erwerben und zu besitzen, sondern sie habe dasselbe vom Staate empfangen, wie andere moralische Personen. Man spricht also der Kirche nicht alles Recht zu besitzen ab. Nein, das wäre doch zu monstruös, der in den Augen des Volkes ehrwürdigsten und der ältesten Eigenthümerin Europa's alles Recht abzusprechen. Man hebt auf diese Weise zugleich die Großmuth des Staates hervor, der so freigebig aus Gnade der Kirche das Eigenthumsrecht verliehen, das ihr sonst nicht zukommen würde. Dieser Irrthum wird nun in der 26. These des Syllabus verworfen.

101. Hat der Staat aus reiner Güte der Kirche das Besitzrecht gegeben, so kann er nach jenen Liberalen es ihr auch wieder nehmen, wenn das Wohl des Staates oder auch der Kirche es erheischt. Daß dieses nun wirklich der Fall sei, behauptet die zweite obiger Thesen, die 27. des Syllabus. Dieselbe enthält zwei Grade des Irrthums: die kirchlichen Personen seien 1) von der Verwaltung, 2) von dem Eigenthum des Kirchengutes gänzlich auszuschließen. Die erste Behauptung dient häufig als Vorstufe zur zweiten.

Aus den beiden Thesen des Syllabus zieht man jetzt den von der Encyclica verworfenen Satz als Schluß: Da der Staat der Kirche das Recht zu besitzen nehmen darf, und auch wegen des gemeinen Wohles nehmen muß, so müsse er die so vacant gewordenen Kirchengüter sich zuerkennen und zueignen.

Aber der Bann, den die Kirche, die Päpste, die allgemeinen Concilien, insbesondere das von Trient denen androhen, welche die Rechte der Kirche antasten! „Nun," erwidert der vierte Satz, um die Gewissen der Katholiken zu beschwichtigen, „mochte dieser Bann in früheren Zeiten seine Geltung haben, in denen man die politische und religiöse Ordnung vermengte; heutzutage, wo man mit Recht beide scharf trennt, hat er nichts zu bedeuten, weil er eben auf jener verkehrten Vermengung beruht."

102. Diesem System gegenüber wollen wir nun beweisen:

1) Daß die Kirche ein ihr von Natur eigenes Recht zu besitzen hat, das Gott ihr ganz unabhängig vom Staate und unverlierbar gegeben.

2) Daß die Kirche das Recht hat, dieses Vermögen unabhängig vom Staate zu verwalten. Hieraus folgt dann von selbst, daß die kirchlichen Personen weder von der Verwaltung, noch von dem Besitze des Kirchengutes auszuschließen sind und der Staat, wenn er ohne Weiteres sich dasselbe aneignet, ein großes Unrecht begeht, das, wie andere

Verbrechen, die Kirche füglich durch den Bann strafen kann. Wir wollen diese Sätze, einen nach dem andern, beweisen, und zwar sie zuerst aus dem Wesen der Kirche und der Natur der Sache entwickeln, dann aber ihre Wahrheit aus Schrift und Tradition zeigen.

103. Gott wollte, daß die Kirche bis zum Ende der Welt unabhängig vom Staate bestehe und ihre segensreiche Wirksamkeit entfalte. Wer nun das Ziel, den Zweck will, muß auch den Weg zu diesem Ziele, die Mittel zu diesem Zwecke wollen. Kann also die Kirche durchaus nicht ohne zeitliche Güter existiren, und die ihr von Gott aufgetragene Wirksamkeit ausüben, so hat Gott auch gewollt, daß sie zeitliche Güter erwerbe und besitze bis zum Ende der Welt. Dieser göttliche Wille aber, eben weil heilig und unverletzlich für Jeden, ist zugleich die Quelle eines unverletzlichen, selbsteignen und nicht erst durch den Staat erworbenen Rechtes der Kirche auf Erwerb und Besitz.

Da die Unabhängigkeit des kirchlichen Sein's und Wirkens in der Broschüre genugsam bewiesen ist, so bleibt uns hier nur noch zu zeigen übrig, daß die Kirche ohne zeitliche Güter durchaus nicht in der von Gott gewollten Weise existiren und wirken kann. Das hält nun nicht schwer zu beweisen, und wird selbst von Ungläubigen zugestanden, wenn nicht mit Worten, doch durch die That. Denn warum geht ihr Bestreben so beharrlich auf die Beraubung der Kirche, wenn sie nicht überzeugt wären, daß dadurch die kirchliche Wirksamkeit gestört würde?

104. Es ist in der That auch auf den ersten Blick klar, daß die Kirche keinen Cult, wenigstens keinen den ganzen Menschen erhebenden Cult ohne Gotteshäuser, ohne Ornamente, ohne mancherlei Kirchengeräthe und andere kostspieligen Dinge entfalten kann. Wie vermöchte ferner diese 200 Millionen umfassende Gesellschaft ohne eine zahlreiche Obrigkeit zu bestehen, die sie regiert, belehrt, ihr die Sacramente spendet, dem Gottesdienst vorsteht? Alles das sind so wichtige und schwere Amtsverrichtungen, daß sie nicht nebenbei von Dilettanten getrieben werden können, sondern den ganzen Menschen in Anspruch nehmen. Wie soll man nun ein so zahlreiches Personal unterhalten ohne zeitliche Güter, wie die Verwaltung eines so ungeheuren Reiches führen ohne bedeutende Kosten? So groß ist ferner die Wichtigkeit der kirchlichen Aemter, daß eine viele Jahre dauernde Vorbereitung auf dieselben nothwendig ist. Wer trägt nun die Auslagen für diese Vorbereitung? wer unterhält die Seminarien?

Alles dieß ist so klar, daß es auch dem rohsten Wilden einleuchten muß. Denn in der That, man erzähle einmal einem solchen von der unermeßlichen Gesellschaft, die größer sei als jedes irdische Reich, die eine Zahl von Beamteten über die ganze Erde zerstreut habe und unterhalte, dazu großen Aufwand für eine herrliche Gottesverehrung machen müsse; alles das vermöge sie aber, ohne das Geringste zu besitzen. Was würde der Wilde zu dieser Erzählung sagen? würde er nicht lachen über die Fabel, die man ihm aufbinden wolle? Verweilen wir darum in dieser klaren Sache nicht länger, gehen wir zu einem Punkte über, der mehr bestritten wird.

104. Die Kirche hat die Sorge für die Armen als eine ihrer wichtigsten Aufgaben betrachtet und sie mußte es kraft ihres Berufes thun. Darum hat sie schon in den Apostolischen Zeiten das Amt der Diakonen zu diesem Zwecke bestellt. Darum wollte sie auch die früher bei der Messe dargebrachten Oblationen mit den Armen theilen; darum verpflichtete sie die Pfründner auf das Strengste, ihre über einen anständigen Lebensunterhalt hinausgehenden Einkünfte zu frommen Zwecken zu verwenden; darum hat sie zahllose Orden, Vereine, Bruderschaften, Hospitäler, Waisenhäuser, Rettungsanstalten und andere fromme Stiftungen für die Armenpflege entweder selbst gegründet oder doch dazu durch ihre Ermahnungen, Ermunterungen, Lehren Anlaß gegeben und dann dieselben in Aufsicht und Schutz genommen; ja in den Zeiten der Noth hat sie nicht angestanden, ihre heiligen Gefäße zu zerbrechen und zu schmelzen, und mit dem so gewonnenen Gold und Silber die Armen und Kranken zu unterstützen. Und wie hat die Kirche nicht auch verstanden, ihren Klerus mit der zärtlichsten Liebe zu den Nothleidenden zu erfüllen? Die Päpste dehnten nach dem einstimmigen Berichte der ältesten Zeugnisse schon in den ersten Jahrhunderten ihre Liebeswerke bis in die entlegensten Gegenden der damals bekannten Welt aus. Die Kirche von Konstantinopel ernährte zur Zeit des hl. Chrysostomus täglich 3000 Arme; außerdem verabreichte sie noch Unterstützungen an Gefangene, Fremde, Pestkranke u. s. w.; das war dem lieben den Herzen des genannten Heiligen noch nicht genug. Er hoffte durch die Gläubigen in Stand gesetzt zu werden, 50,000 Dürftige zu unterstützen. Fabelhaft ist, was man vom hl. Patriarchen Johannes von Alexandrien, dem Almosenspender, erzählt, doch wird es glaublich durch den Liebeseifer von Geistlichen, die in neuerer Zeit gelebt. Wir erinnern nur an den hl. Karl Borromäus und den hl. Vincenz von Paul.

6 *

Die Zahl der tagtäglich von jenem hl. Kardinal Unterstützten wuchs in Zeiten der Noth auf mehrere Tausende, ja bei der großen Pest in Mailand 1576 strengte er sich an, für 60—70,000 Hülfsbedürftige zu sorgen. Dazu reichten freilich weder die großen Einkünfte seines Sprengels, noch sein bedeutendes Privatvermögen aus, zumal da seine verschwenderische Freigebigkeit ihn keine bedeutende Summe auch nur kurze Zeit behalten ließ. In Mailand angekommen, hatte er von seinen Meubeln und seinem Silbergeräthe für 30,000 Thaler verkaufen lassen, um sie sofort an Arme zu verschenken; ein Legat von 20,000 Thalern, das ihm von seiner Schwester zukam, den Preis eines Gutes (40,000 Thaler) hatte er augenblicklich unter Dürftige vertheilt. Auf diese Weise hatte er natürlich nichts sammeln können, obwohl er für sich nur etwas Wasser und Brod zur Nahrung, und Stroh zum Lager gebrauchte. Was sollte der Kardinal also in jener großen Noth thun? Nachdem er Alles, was nur irgendwie zu veräußern war, für die Pestkranken und deren Familien verwendet hatte, ging er selbst umher, um für die ihm anvertrauten Gläubigen zu betteln. Aehnliches that der hl. Vincenz von Paul, von dem man berichtet, durch seine Hände sei die für die damalige Zeit ganz fabelhafte Summe von 1,200,000 Louisdor an Arme und zu frommen Zwecken vertheilt worden, ganz abgesehen von den zahllosen andern Werken der Barmherzigkeit, die er verrichtet oder doch veranlaßt hat. Auch vom kürzlich verstorbenen Vorsteher des Deutschordens, Erzherzog Maximilian, berichtet sein Gewissensrath, daß die von ihm zu gemeinnützigen Zwecken verwendeten Summen sich auf mehrere Millionen Gulden belaufen. Nicht Alle haben die colossalen Einkünfte dieses Mannes, aber Zahllose aus dem Klerus und den Orden zeigen auf andere Weise die Liebe, welche ihnen die Kirche zu allen Nothleidenden einflößt. Man zählt ja nach Tausenden die gottbegeisterten Jungfrauen, welche die Welt und ihre Verwandte verließen, allen Aussichten entsagten, ihre ganze Habe zu frommen Zwecken dahingaben, sich selbst dem Dienste der Armen, der Waisen, der Kranken, der Wahnsinnigen, der Verirrten weihten, die voll Heldenmuthes mitten in den Schrecken des Krieges, des Typhus, der Cholera, dem in so vielfacher und unheimlicher Gestalt heranschleichenden Tode trotzten, die endlich, weil die Hingabe alles dessen, was der Mensch ist und was er hat, ihrem Liebeseifer nicht genügt, von Thür zu Thür für ihre Armen betteln gehen. Und wenn man sie fragt, wer denn diese Liebe ihren Herzen eingeflößt, was antworten sie? Es ist die Religion, die sie von der Mutterbrust eingesogen, in der sie auferzogen sind, die Religion der heiligen römisch-katholischen Kirche, als deren Diener und Kinder sie dastehen, in deren Namen sie auftreten.

106. So erfüllt die Kirche die große Aufgabe, welche der Heiland ihr vorbildlich gezeigt, da er die ihm gespendeten Almosen mit den Armen theilte (Joh. 13, 29). Der Grund für diese Anordnung des Herrn ist unschwer zu finden. Die Kirche ist ihrem innersten Wesen nach eine Anstalt der übernatürlichen Liebe, um alle Menschen selig zu machen. Mag nun diese auch zu ihrem eigentlichen Gegenstande Gott und die ewige Seligkeit in Gott haben, so kann sie doch nicht von den leiblichen Bedürfnissen des Menschen absehen; ja deren Abhülfe wird mit vollem Rechte als der erste und in dieser Beziehung auch als der nothwendigste Act der Liebe dargestellt. In der That, wer von den körperlichen Leiden seines Bruders nicht gerührt wird, sollte der in seinem gefühllosen Herzen auch nur ein Fünkchen Liebe haben? Die Kirche muß darum als Trägerin der übernatürlichen Liebe nicht nur Gnade und Wahrheit, sondern auch die leiblichen Güter mitzutheilen suchen, so viel in ihren Kräften steht, und der eigentliche Hauptzweck dadurch nicht gehindert wird.

107. Das fordert ferner ihr Beruf als Repräsentantin Gottes auf Erden. Für sie, die der Herr selbst mit seiner Macht bekleidet hat, geziemt es sich auch, das Bild Gottes auf Erden darzustellen. Nichts ist nun Gott in seiner Thätigkeit nach außen mehr eigen, als die Offenbarung seiner Güte, ja der tiefgehendste Unterschied zwischen der göttlichen und geschöpflichen Thätigkeit ist darin begründet. Gottes Wirksamkeit ist nämlich actus purus, reine Thätigkeit ohne die geringste Potentialität, reine Offenbarung der in Gott ruhenden Vollkommenheit, ohne im Geringsten zu empfangen oder zu leiden; die geschöpfliche Thätigkeit ist aber immer potentiell, eben deßhalb zugleich handelnd und leidend, gebend und empfangend. Ihr Bild ist die Erde, die nur hervorbringen kann, wenn sie von Außen Licht, Wärme, Feuchtigkeit, Samen empfängt, das Bild Gottes aber ist die Sonne, welche jeden Augenblick in den unermeßlichen Weltraum einen Ocean von Licht und Wärme ausgießt. Je mehr darum der Mensch von dem in ihm ruhenden oder ihm zugehörigen Guten mittheilt, um so mehr gleicht seine Thätigkeit der göttlichen und eben deßhalb gibt es nichts, das den Menschen gottähnlicher macht, als die mittheilende Liebe. Um mit den Worten eines Apostelschülers zu sprechen, wer die von Gott erhaltenen Gaben den

Bedürftigen mittheilt, ahmt Gott nach und wird ein Gott der Em-
pfangenden [1].

Sind nun auch die geistigen Güter unendlich kostbarer, als die bloß
leiblichen, und ist darum die Mittheilung jener an und für sich viel vollkommener, so ist doch die Mittheilung der letzteren für den sinnlichen Menschen viel anschaulicher. Hieraus ergibt sich ohne Mühe, was wir beweisen wollten. Muß die Kirche ein lebendiges Bild der göttlichen Güte
auf Erden darstellen, so muß sie auch ihre ganz besondere Sorgfalt den
Werken der leiblichen Barmherzigkeit zuwenden.

108. Die Armenpflege ist somit nicht, wie die Gegner verleumden,
ein Mittel priesterlichen Ehrgeizes und geistlicher Herrschaft, sie folgt
aus dem innersten Wesen und Beruf der Kirche als einer
Anstalt der übernatürlichen Liebe und Repräsentantin Gottes auf Erden.

Aber zur Uebung der Barmherzigkeit gehört durchaus der Besitz
zeitlicher Güter; die Kirche hat also zu ihrer von Gott gewollten
Wirksamkeit den Erwerb von Eigenthum nothwendig, mithin
auch ein unverletzliches Recht darauf; denn Niemanden kann es verwehrt oder benommen werden, die von Gott ihm auferlegte Aufgabe
und Pflicht zu erfüllen; ist doch der göttliche Wille, wie Eingangs bemerkt, die Quelle eines heiligen, von allen, auch dem Staate, zu brach-
tenden Rechtes. Ja, noch mehr; wie nach göttlicher Anordnung die
Wirksamkeit der Kirche frei und unabhängig sein soll, so muß auch die
nothwendige Vorbedingung dazu, das Eigenthumsrecht, dieselbe Selbstständigkeit genießen.

109. Hieraus folgt nun mit Nothwendigkeit, daß der Kirche das
Verwaltungsrecht ihrer Güter zusteht; denn es ist die freie Verwaltung eines der ersten aus dem Eigenthum fließenden Rechte, dessen
Ausübung nur einer doppelten Beschränkung unterliegt, der freiwilligen
Abtretung zu Gunsten eines dritten und der gänzlichen, persönlichen Unfähigkeit. Der erste Fall kommt hier nicht in Betracht, denn obwohl
die Kirche, eben weil sie freie Verfügung hat, aus freien Stücken dem
Staate irgend welchen Antheil an der Verwaltung ihrer Güter zusichern
kann, und wo dieses geschehen ist, solchen Vertrag halten wird, so ist
doch hiervon in den genannten Thesen durchaus nicht die Rede.

Den zweiten Fall annehmen wollen, wäre eine große Schmach für
die katholische Kirche, ja für die Menschheit; man stellte dann die

---

[1] Epistola ad Diognetum c. 10.

Lehrerin der Völker, der Europa seine Civilisation verdankt, der schon viele Tausende von Millionen ihre heiligsten Interessen, ihre Gewissen und ihr Heil, anvertraut, auf eine Linie mit Kindern, Verschwendern, Wahnsinnigen, die einer Vormundschaft bedürfen.

Der Kirche steht also das Recht zu, ihr Eigenthum zu verwalten.

110. Hat aber die Kirche ein strenges Eigenthums= und Verwaltungsrecht auf die von ihr erworbenen Güter, so kann man ihr dieselben nicht nehmen, ohne die Sünde des Raubes zu begehen. Ja, es ist dieß nicht nur ein einfacher Raub, sondern nach katholischen Grundsätzen ein Sacrileg, ein Gottesraub, weil er an einer Gott geweihten Sache verübt wird. Doch warum habe ich gesagt: nach katholischen Grundsätzen? Finden wir denn dieselbe Ueberzeugung nicht bei allen, selbst heidnischen Völkern? Wegen der natürlichen Scheu, die Alle, auch Barbaren, vor der Beraubung des Heiligthums hatten, vertraute man gern den Tempeln Deposita an, besonders von Wittwen und Waisen, und häufte vertrauensvoll in denselben ungeheure Weihgeschenke. Die Allgemeinheit dieser Ueberzeugung zeigt uns, daß sie in der menschlichen Natur selbst gegründet sei. Und nun sollte die Kirche ein Mitglied, das nicht nur Raub, sondern Sacrilegien begeht, d. i. Sünden, vor denen selbst die Heiden Abscheu haben, sie sollte ein solches Mitglied nicht mit Censuren strafen, nicht bannen dürfen, sollte es, da es seine frevelnden Hände gegen die Rechte seiner heiligen Mutter ausstreckt, noch in ihrem Schooße dulden müssen? Aber welche Zucht würde dann die Kirche noch handhaben dürfen? Man höre also auf, über die Excommunication gegen die Verletzer kirchlicher Rechte zu lärmen; gefällt dieselbe nicht, nun so hüte man sich vor der Sünde, durch welche man diese Strafe sich zuzieht.

So ergeben sich alle Sätze, die wir erweisen wollen, wie von selbst aus einem schon früher bewiesenen Grundsatz: daß nämlich die Kirche eine von Gott gegründete, vollkommene Gesellschaft ist.

111. Führen wir jetzt für die katholische Wahrheit noch einige Gründe aus dem geschriebenen und überlieferten Worte Gottes an.

In der hl. Schrift lesen wir, daß Christus mit den Aposteln eine gemeinschaftliche Kasse hatte. „Der Herr, dem die Engel dienten," sagt der ehrwürdige Beda, „hatte, um die Kirche zu belehren, eine Kasse, da er die Gaben der Gläubigen aufbewahrte und damit den Bedürfnissen der Seinigen und anderer Armen abhalf." Schon lange vor Beda hatte Augustinus diese Kasse den „Fiscus des von Christus ge=

stifteten Reiches" genannt und zugleich deſſen Nothwendigkeit für die Kirche mit den Worten ausgeſprochen: „Hatte Chriſtus ein Reich, ſo hatte er auch einen Fiscus." Als nun dieſes Reich größer wurde, vermehrten ſich auch ſeine Güter. Wir ſehen dieß aus der Apoſtelgeſchichte, nach deren Zeugniß die Gläubigen ihre Güter zu den Füßen der Apoſtel legten.

Die Kirche betrachtete aber das zu den Zeiten der Apoſtel Erworbene als ihr Eigenthum; nach dem Zeugniſſe der Apoſtelgeſchichte verfügte ſie darüber, nahm deſſen Verwaltung in Anſpruch und beſtellte dafür im Auftrage des Herrn einen Grab des Klerus, nämlich das Diakonat.

112. Auch den hl. Paulus ſehen wir in ſeinen Briefen Anordnungen über die der Kirche geſchenkten Gaben treffen. Hierhin gehört eine Stelle aus dem erſten Briefe an Timotheus: „Wenn irgend ein Gläubiger Wittwen hat, ſo verpflege er ſie und es werde die Kirche nicht beſchwert, damit ſie die, welche wahrhaft Wittwen ſind, hinreichend unterſtützen könne. Prieſter, die gut vorſtehen, halte man doppelter Ehre werth, beſonders ſolche, die in Wort und Lehre ſich abmühen" [1]. Unter jener doppelten Ehre, deren gute Prieſter werth ſeien, verſteht der Apoſtel einen reichlichen Lebensunterhalt, wie das Folgende klar und unzweifelhaft zeigt. Aus dieſen Worten des hl. Paulus können wir aber einen vierfachen Schluß ziehen, der übrigens durch die geſammte Kirchengeſchichte aufgehellt und beſtätigt wird: 1) daß der Kirche der Unterhalt des Klerus und die Sorge für die Armen (Wittwen) obliegt; 2) daß ſie mithin zeitliche Güter haben muß, da mit Nichts weder Klerus noch Arme genährt werden können; 3) daß die Kirche aus eignem Recht Anordnungen über die ihr geſchenkten Dinge treffen kann, denn die Annahme wäre lächerlich, der Apoſtel hätte für dieſe ſeine Beſtimmung ſich an den Staat um Erlaubniß gewandt; 4) daß dem Biſchof zunächſt die Verwaltung des der Kirche Geſchenkten zuſteht; Timotheus, den der Apoſtel mit der Ausführung ſeiner Worte betraut, war ja Biſchof.

Anderswo [2] beweist der Apoſtel ausführlich die Pflicht der Kirche, ihren Klerus zu unterhalten; er bringt hierfür Gründe aus dem Naturrecht, Gleichniſſe aus dem gewöhnlichen Leben, Stellen aus der hl. Schrift; endlich fügt er die Worte hinzu: „Also hat auch der Herr verordnet, daß die, welche das Evangelium predigen, vom Evangelium leben

---

[1] 1. Tim. 5, 16 ff.   [2] 1. Korinth. 9, 4 ff.

sollen." Auch Cyprian beruft sich (ep. 66.) für dieselbe Sache auf die göttliche Anordnung und gibt als Endzweck derselben an: „damit diejenigen, welche die Kirche des Herrn durch die klerikalische Weihe befördert, in nichts von den heiligen Verrichtungen abgezogen werden, ... sondern durch den Empfang der Sporteln geehrt, ... vom Altar und Opfer nicht abstehen und Tag und Nacht himmlischen und geistigen Dingen obliegen." Wer die Wichtigkeit dieses Grundes und die Zweckmäßigkeit, ja Nothwendigkeit der göttlichen Anordnung nicht begreifen will, mag sich nur mit Orientalischen Zuständen vertraut machen. Da wird er erfahren, wie weit der Priesterstand in gewissen Gegenden herabgewürdigt ist oder auch sich selbst herabwürdigt, weil er, aus kirchlichen Mitteln nicht unterstützt, auf jegliche Weise suchen muß, sein Leben zu fristen.

113. Was ferner die Pflege der Armen betrifft, so erklärt das Concil von Trient gleicherweise, durch göttliches Gebot sei allen, welchen die Seelsorge anvertraut ist, befohlen, eine väterliche Sorge für die Armen und die andern hülfsbedürftigen Personen zu tragen. Wie sollte es auch anders sein? Es ist ja unzweifelhaft, daß den Seelenhirten kraft des ihnen von Gott übertragenen Amtes eine besondere Liebe für die ihnen untergebenen Gläubigen obliege [1], eine solche ist nun aber, in soweit die Mittel vorhanden sind, undenkbar ohne herzliches und thätiges Erbarmen gegen die Dürftigen. Diese oben erwiesene Wahrheit bestätigt der hl. Johannes mit den Worten: „Wer die Güter dieser Welt hat und doch, wenn er seinen Bruder Noth leiden sieht, sein Herz vor ihm verschließt, wie bleibt die Liebe Gottes in ihm?" [2] Für die göttliche Anordnung, welche der Kirche die Sorge für die Armen anempfahl, können wir aber noch ein directes Argument aus der Apologie des den Apostelzeiten nicht so ferne stehenden hl. Justinus anführen. Nachdem der Heilige vom Brauche der Kirche, einen Theil der beim Opfer gespendeten Gaben für die Armen zu verwenden, berichtet hat, sagt er von demselben und andern dort erwähnten Dingen, daß „der Lehrer derselben Jesus Christus" sei [3]. In der That, die Allgemeinheit jenes Brauches in der alten Kirche bestätigt vollkommen das Zeugniß des hl. Martyrers.

Nach dem Worte Gottes steht also fest: die Kirche hat kraft

---

[1] 1. Petr. 5, 1. 2.   [2] 1. Joh. 3, 17.
[3] C. 13. cf. c. 67. Edit. Bened. p. 51. 83. 84.

göttlicher Anordnung die Pflicht, den Klerus zu unterhalten und für die Armen Sorge zu tragen, sie hat mithin auch ein heiliges, un= verletzliches Recht auf die zur Erfüllung jener Pflicht nothwendigen Mit= tel, nämlich auf den Erwerb und die Verwaltung zeitlicher Güter. Sie hat dieses Recht kraft der Anordnung Gottes, der ihr jene Pflicht auf= erlegt, nicht erst durch Vergünstigung des Staates. Die göttlichen An= ordnungen sind aber so unwandelbar für die Menschen, als die Sterne des Firmamentes uns unerreichbar sind, weßhalb Sophokles so schön von den göttlichen Gesetzen sagt:

„Die, in den Höhen wandelnd, in Aethers
Sonnigem Gebiet, flammen aus dem Schooße
Des himmlischen Vaters, nicht
Aus sterblicher Männer Kraft
Geboren; niemals füllt sie die Zeit, traun, in Vergessenheit;
Es belebt machtvoll sie ein Gott, der nie altert."

Wegen dieser Unveränderlichkeit der göttlichen Anordnungen ist nichts auf der Welt, das jenes Recht der Kirche, welches in denselben sich gründet, verkümmern könnte.

114. Einen andern offenbaren Beweis für unsere Wahrheit bietet uns die Tradition und die Geschichte der drei ersten christlichen Jahr= hunderte. Die Kirche erwarb, besaß, verwaltete zeitliche Güter und zwar, ohne den Staat um Erlaubniß zu fragen, der sie vielmehr auf das Heftigste verfolgte. Die Mittel aber, worüber manche Kirche schon in jenen Zeiten verfügte, waren größer, als man es sich gewöhnlich vorstellt. Man schließe aus folgenden Angaben des Eusebius über die Römische Gemeinde. Zu Zeiten des Papstes Cornelius mußte dieselbe 44 Priester, 7 Diakone und 101 andere Kleriker, endlich mehr denn 1500 Arme, Kranke und Wittwen unterhalten [1]. Außerdem schickte sie zahlreichen, auswärtigen Kirchen Almosen, und es steht aus zufälligen, auf uns gekommenen Notizen fest, wie schon früher bemerkt wurde, daß sie ihre Liebeswerke bis nach Korinth, Kappadocien, Syrien, Arabien ausgedehnt hat. Wahrlich, fürstliche Einkünfte werden zu einer solchen Wirksamkeit gefordert.

Freilich bestanden die zeitlichen Mittel, worüber die Kirche verfügte, zum größten Theil damals in beweglichen Gütern und den Oblationen bei der Messe; daß sie aber auch unbewegliche erworben und besessen und wo dieselben ihr entrissen waren, sobald als möglich, sie zurückge=

---

[1] Eccles. Hist. l. 6. c. 43. Edit. Valesii p. 244.

forbert, läßt sich nicht bezweifeln. Der christliche Gottesdienst erheischte in einer nur etwas ansehnlichen Gemeinde durchaus den Erwerb von Stätten für die Feier der heiligen Geheimnisse. Wir sehen darum die Römischen Christen in Zeiten der Verfolgung, in denen man mit Ruhe und Sicherheit keine Kirchen über der Erde haben konnte, dieselben in den unterirdischen Katacomben anlegen. Ließ aber die Verfolgung nach, so ging man alsbald ungescheut an den Bau oder die Einrichtung von Gotteshäusern; ja Eusebius sagt von den Jahren, die der Diocletianischen Verfolgung vorausgingen: „Wer vermöchte die Menge der in allen Städten befindlichen Versammlungsörter und das ansehnliche Zusammenströmen der Gläubigen in den Gebetshäusern zu beschreiben? Deßhalb reichten keineswegs mehr die alten Gebäulichkeiten aus, man baute in allen Städten ganz neue, geräumige Kirchen" [1]. Sollen doch zu Zeiten Diocletian's allein in Rom 40 Kirchen gewesen sein! [2]

115. Uebrigens beweisen auch die Edicte der heidnischen Kaiser, daß die Kirche schon in den ersten Jahrhunderten Immobilien besaß. Eine Römische Garküche beanspruchte einen Platz, den die Christen für ihren Gottesdienst in Besitz hatten. Alexander Severus († 235) entschied zu Gunsten der Christen [3]. Der Kaiser Aurelian ließ auf Ansuchen der Katholiken den häretischen Bischof von Antiochien, Paul von Samosata, aus der bischöflichen Wohnung, „dem Hause der Kirche", wie Eusebius sagt [4], vertreiben. Schon vorher hatte Gallienus den Bischöfen im ganzen Reiche die gottesdienstlichen Stätten und die Friedhöfe zurückstellen lassen [5].

Selbst der wüthende Christenverfolger Galerius gab, als er, von einer furchtbaren Krankheit gepeinigt, hierin die strafende Hand Gottes erkannte, den Christen die Erlaubniß, die Häuser, in denen sie zusammenkamen, wiederherzustellen [6].

Noch deutlicher ergibt sich der kirchliche Besitz von Immobilien aus einem Gesetze des Constantinus und Licinius vom Jahr 313. Sie befehlen, alle Güter der Kirche, selbst wenn sie bereits zum Fiscus geschlagen oder verkauft wären, derselben zurückzuerstatten und zwar sollte

---

[1] L. c l. 8. c. 1. p. 292. [2] Optati Milev. de schism. Donat. l. 4. Ed. Migne 954.
[3] Lampridii, in Alexandrum Severum, c. 49.
[4] Euseb. l. VII. c. 30. p. 282.
[5] L. VII. c. 13 p. 262. Dieser heidnische Kaiser beschämt mehrere katholische Beamte, deren eifrigstes Bestreben darin besteht, der Kirche ihre Friedhöfe zu nehmen.
[6] L. VIII. c. 17 p. 316.

das nicht nur von den für den Gottesdienst bestimmten Gebäuden, sondern auch von andern Grundstücken gelten. „Weil wir in Erfahrung gebracht," heißt es in jenem Gesetze, „daß die genannten Christen nicht nur Stätten, an denen sie sich versammelten, sondern auch noch andere besessen haben, die nicht den Privaten, sondern zum Rechte der Körperschaft gehörten, so sollen alle diese ohne Zögern denselben Christen, d. h. ihrer Körperschaft und ihren Gemeinden, zurückgegeben werden" [1]. In einem andern Gesetze Constantin's werden diese Immobilien als: Häuser, Gärten, Aecker u. s. w. bezeichnet [2].

116. Doch wir haben jetzt schon genug Zeugnisse angehäuft; sie enthalten deutlich folgende Thatsache: daß die Kirche schon in den ersten Jahrhunderten zeitliche Güter, Mobilien und Immobilien, erworben, besessen und verwaltet hat und das in Zeiten, wo der Staat sie auf das Heftigste verfolgte; daß sie ferner, sobald die Verfolgung nachließ, die Rückgabe der ihr vom Staate entrissenen Güter beanspruchte. Was aus dieser Thatsache hervorgeht, ist kaum nöthig auszusprechen. Es ist nichts anderes als die katholische Wahrheit, welche wir vertheidigen wollen: daß die unfehlbare Kirche von Anfang an das Recht zu erwerben und zu besitzen als ein ihr von Natur eigenes betrachtet, das der Staat nicht erst zu gewähren, sondern anzuerkennen habe. Ja, die Kirche war von diesem ihrem Rechte so überzeugt, daß sie in jenen Zeiten diejenigen als Verräther (Traditores) brandmarkte, welche gemäß den kaiserlichen Gesetzen den Staatsbeamten die heiligen Schriften oder das Kirchengeräthe auslieferten, die aber als Martyrer verehrte, welche den Tod einer solchen Auslieferung vorzogen. Die Kirche verfuhr in dieser Weise nicht nur wegen der Entweihung des Heiligen, die mit jener Auslieferung verübt wurde, und die auch in ältern und neuern Säcularisationen ganz gewöhnlich vorkommt; sie beachtete zugleich die Eigenthumsfrage, und sie nicht minder als der Verfolger sah mit dem Preisgeben des kirchlichen Rechtes innigst verbunden den Verrath an der Religion. Schon der hl. Leo sagt in einer in das Brevier aufgenommenen Stelle: der Römische Prätor hätte sich einen doppelten Gewinn von der gefänglichen Einziehung eines Verwalters des kirchlichen Vermögens (Laurentius) versprochen, „wenn er nämlich denselben zu einem Ueberlieferer des für die Religion bestimmten Geldes gemacht, so würde er ihn

---

[1] L. X, c. 5. p. 389. 390.

[2] Euseb. De vita Constantini II. 39. p. 462.

auch zum Apostaten von der wahren Religion machen." (In festo S. Laurentii, lect. IV.)

117. Es lohnt sich schon der Mühe, einen Augenblick bei diesem Martyrium des hl. Laurentius zu verweilen, weil dasselbe uns die uralte Ansicht der Kirche über ihr Eigenthumsrecht so recht deutlich vor Augen stellt. Ihre unveränderlichen Grundsätze hat der heldenmüthige Diakon mit seinem Blute besiegelt. Der Prätor begehrte, als der Kaiser Valerian eine Christenverfolgung begonnen, von jenem die Kirchenschätze. Laurentius willfahrte nicht. Was hätten aber die Gegner nach ihren Grundsätzen über die Säcularisation thun müssen? Sicher nicht das, was Laurentius that. Denn dieser vertheilte die Kirchenschätze und entzog sie dadurch dem Prätor. Von diesem auf einen Rost über glühende Kohlen gelegt, spottete er lachend noch im Tode seiner Habgier, welche das Kirchengut einziehen wollte: „Gebraten ist schon auf einer Seite, lasse umwenden und esse, denn das Vermögen der Kirche, das du herausforderst, haben die Hände der Armen bereits in die himmlischen Schatzkammern getragen." Also Laurentius, den die Kirche jährlich durch eine achttägige Feier den Gläubigen zur Verehrung und Nachahmung vorstellt, den sie immer als einen ihrer heldenmüthigsten Söhne betrachtet. „So groß," ruft sie mit dem hl. Augustinus aus, „ist der Ruhm seines Martyriums, daß er durch seinen Tod die ganze Welt erleuchtet hat." Durfte aber die unfehlbare Kirche also handeln, wenn die Grundsätze der Gegner richtig wären? O, gewiß nicht. Denn hätte die Kirche dem Staate gegenüber kein unverletzliches Recht auf irdische Güter, so würde Laurentius verkehrt gehandelt, in ungerechter Weise die von ihm herausgeforderten Schätze der weltlichen Obrigkeit entzogen, ungesetzlich darüber gegen deren Willen verfügt, und noch schlimmer im Tode selbst sich dessen gerühmt haben; er wäre nicht der glorreichste Martyrer, sondern ein Fanatiker gewesen. Wer sieht also nicht den Unterschied zwischen den Meinungen der Gegner und den Grundsätzen der Kirche, zwischen den Principien der Säcularisation und der Ueberzeugung, welche Laurentius und die ersten christlichen Jahrhunderte beseelte? Und dennoch loben die Gegner, um gegen den Reichthum der Kirche eifern zu können, immer jene einfachen Zeiten; warum bekennen sie sich denn nicht zu den Grundsätzen derselben, die Laurentius mit dem Tode besiegelt? Kann es etwas Thörichteres geben, als ihr Gebaren? Zeigen wir das durch einen Vergleich aus der Natur.

118. Mit der Kirche verhält es sich nämlich, wie mit den Pflanzen,

den Thieren und überhaupt allen lebenden Organismen; diese behalten bei ihrem ganzen Wachsthum die ihnen von Gott gegebene Natur, mag auch ihre äußere Gestalt, ihre Ausdehnung sich ändern. Wie es darum unsinnig wäre zu verlangen, eine Eiche solle immer so winzig bleiben, als sie in jenen Tagen war, da sie aus der Eichel sproßte, oder sie solle, wenn sie gewachsen, ihre Krone ablegen, den gewaltigen Stamm bis zu den Verhältnissen ihres ersten Wachsthumes verdünnen; ebenso verkehrt wäre es zu begehren, daß sie fortwährend ihre Natur wechseln, aus einer Eiche eine Linde, eine Akazie, ein Weinstock werde. Dieser im Reiche der Natur handgreifliche Widersinn ist in der Forderung, welche die Gegner an die Kirche stellen, enthalten; dieselbe solle die ihr von Gott gegebene Natur, den Glauben nämlich und die Grundsätze des Glaubens, beständig nach den Ansichten des Zeitgeistes, der Journalisten umwandeln, dagegen im Aeußern zu den einfachen, winzigen Verhältnissen der Urkirche zurückkehren. Auf solchen Unsinn wird die Kirche natürlich nie eingehen; nie wird sie ihre Grundsätze ändern, nie ihre Gewalt ablegen, nie ihrem Rechte entsagen, weil sie alles das von Gott empfangen, aber was die Anwendung dieser Grundsätze, die Ausübung dieser Gewalt, den äußern Umfang dieses Rechtes betrifft, so werden dieselben nach den Umständen und Verhältnissen wechseln. Also, um auf unsern Gegenstand zurückzukommen, die Kirche wird immer den Grundsatz der ersten christlichen Jahrhunderte bekennen, daß sie von Gott ein unverletzliches Recht auf den Erwerb und Besitz zeitlicher Güter empfangen, aber ihr äußerer Besitzstand, der Glanz ihres Auftretens, ihr gewaltiger Einfluß auf das öffentliche Leben ist natürlich jetzt, da sie 200 Millionen zählt und die mächtigsten Nationen Jahrhunderte lang gebildet und geführt hat, verschieden von der Einfachheit der kleinen, verfolgten Urkirche.

119. Nach dem Gesagten scheint es überflüssig zu sein, noch viele Stellen aus den hl. Vätern zum Beweise anzuführen, daß die Kirche sich ihres von Gott verliehenen Rechtes auf den Erwerb und Besitz zeitlicher Güter stets bewußt gewesen sei; es wird genügen, auf den hl. Ambrosius hinzuweisen.

Valentinian hatte von diesem Bischof die Uebergabe einer Kirche an die Arianer verlangt, zu denen seine Mutter und die einflußreichsten Beamten des Hofes gehörten, und dieselbe bereits dem Fiscus zugesprochen. Fürwahr eine schöne Gelegenheit für Ambrosius, nach liberalen Grundsätzen zu handeln! Hätte er nicht durch die Herausgabe der Kirche zugleich die Grundsätze der Säcularisation, der Toleranz, der Allgewalt des Staates anerkannt? Oh ja, aber eben deßhalb hat er die Kirche nicht übergeben, eben deßhalb wollte er lieber sterben, als nach diesen dem heiligen katholischen Glauben so entgegengesetzten Grundsätzen handeln. „Wenn der Kaiser von mir forderte, was mein wäre, etwa meinen Acker, mein Silberzeug, ich würde nicht widerstreben, obwohl ich alles das für die Armen bestimmt habe; aber das, was Gott zugehört, ist der kaiserlichen Macht nicht unterworfen. Verlangt ihr mein Erbe, nehmt es, verlangt ihr meinen Körper, ich will kommen. Wollt ihr mich in Fesseln werfen? wollt ihr mich tödten? Es gereicht mir das zur Lust. Ich werde mich nicht vertheidigen durch eine Menge Volkes, noch zu den Altären eilen, um das Leben zu erflehen, sondern mich für die Altäre aufopfern .... Die Basilika aber darf ich nicht überliefern, noch frommt es dem Kaiser, sie anzunehmen. Wenn er kein Recht hat, das Haus eines Privatmannes zu verletzen, glaubt er, das Haus Gottes wegnehmen zu dürfen?" [1] Grade so wie Ambrosius dachten auch die Katholiken Mailands. Obwohl Soldaten den Eingang zur Basilika besetzt hatten, giengen sie durch eine Seitenthür hinein und blieben in derselben, bereit, eher in der Basilika zu sterben, als dieselbe Preis zu geben. Die Kaufmannschaft wurde zu einer Geldbuße von 200 Pfund Gold verurtheilt; sie erbot sich, dieses, ja selbst das Doppelte zu geben, wenn sie nur ihren Glauben bewahrte. Viele ihrer Mitglieder wurden in den Kerker geworfen, ohne daß dieses ihr Widerstreben brach.

Der Kaiser mußte nachgeben; er that es mit unwilligem Herzen. Noch zorniger waren seine Rathgeber. Der Oberkämmerer Calligonus rief wüthend dem Ambrosius zu: „Wie! Du trotzest dem Kaiser in meiner Gegenwart! Ich schlage dir den Kopf ab." Ruhig erwiderte Ambrosius: „Gott möge es zulassen, daß du deine Drohung ausführest; ich werde dann dulden wie ein Bischof, du dagegen handeln als ein Verschnittener." Die Worte und das Benehmen des Heiligen in dieser Angelegenheit zeigen uns hinlänglich, wie sehr man in der alten Kirche überzeugt war, auch dem Staate gegenüber ein unverletzliches Recht auf Immobilien zu besitzen.

120. Uebrigens ist dieses so einleuchtend, daß es im Princip allgemein anerkannt wurde, wie jüngst der Bischof von Lüttich, de Mont-

---

[1] Ep. 20 ad sororem n. 8. 19. 6. 28. col. 903. 906. 902. 909.

pellier [1], gezeigt hat. Auch hieraus können wir einen neuen Beweis=
grund für die katholische Wahrheit entnehmen. Zuvor müssen wir
jedoch, um nicht mißverstanden zu werden, einige Einschränkungen
machen.

Wenn wir die Allgemeinheit dieser Anerkennung behaupten, so neh=
men wir die Zeiten der Verfolgung aus. Begreiflich; denn, will man
die Kirche nicht anerkennen, so darf man das noch viel weniger mit dem
Besitzrecht der Kirche thun. Solche Zeiten der Verfolgung können aber
hier nicht in Betracht kommen. Sie sind nur die Ausgeburt eines wil=
den, unvernünftigen Hasses. Wenn man diesen Haß etwas abgefühlt
und so die Besonnenheit wieder erlangt hat, so werden die Verfolgungen
selbst von den Parteien mißbilligt, welche sie angestellt.

Wir sagten ferner, das Recht der Kirche wäre im **Princip** aner=
kannt; denn was die **Folgerungen** aus diesem Princip betrifft, so ist
freilich häufig dagegen gefehlt worden. Aber das ist auch mit andern,
allgemein anerkannten Grundsätzen geschehen, mochten sie auch noch so
einleuchtend sein. Endlich ist zu bemerken, daß, wenn wir behaupten,
das Recht der Kirche sei allgemein anerkannt, wir nicht von einer All=
gemeinheit im strengen Sinne des Wortes reden. Einzelne Ausnahmen
verschlagen wenig bei einer achtzehnhundertjährigen Existenz der Kirche
unter den verschiedensten Völkern. Auch wollen wir nicht sagen, das
Recht der Kirche sei bei allen Nationen und in allen Zeiten ganz auf
dieselbe Weise anerkannt worden; das ist aber auch nicht nöthig, genug,
daß das Recht der Kirche auf zeitliche Güter in irgend einer Form all=
gemein anerkannt ist.

121. Was können wir nun aus dieser **allgemeinen Anerken=
nung** schließen? Grade die Wahrheit, welche wir hier vertheidigen.
Was nämlich allgemein gilt, hat einen tiefern Grund, als das freie
Belieben, das seiner Natur nach bald Statt findet, bald nicht. Haben
mithin die Staaten in frühern Jahrhunderten insgemein das fragliche
Recht der Kirche auf den Erwerb und Besitz zeitlicher Güter anerkannt,
so ist das nicht deßhalb geschehen, weil es ganz vom Belieben des
Staates abhing, sondern weil die Kirche so einleuchtende Titel besitzt,
daß diese jeden, auch den ungläubigen, auch den häretischen Staat zu
überzeugen vermögen; die Kirche hat also nicht erst durch eine precäre

---

[1] In seinem Werke: Défense des droits de Dieu et de l'Église. Wir müssen
für den in Rede stehenden Satz auf diese Schrift verweisen.

Anerkennung von Seiten des Staates ihr Recht zu erwerben und zu besitzen erlangt.

122. Hieraus folgt aber, wie oben bemerkt, das Recht der Kirche auf **eigene Verwaltung** ihrer zeitlichen Güter. Auch dieses wird durch die Geschichte bestätigt und zwar so unwiderleglich, daß selbst Männer, die sonst nichts weniger als der kirchlichen Selbstständigkeit geneigt sind, es unumwunden eingestehen. Hören wir Portalis, den gallicanisch gesinnten Minister Napoleons I.: „Vernunft und gesunder Menschenverstand erheischen, daß diejenigen, welche bei der glücklichen Führung einer Verwaltung am meisten interessirt sind, auch damit vor allen andern beauftragt werden, besonders wenn sie durch ihren Stand und ihre Berufspflicht mehr als alle andere dahin geführt werden, die für diese Verwaltung nothwendigen Kenntnisse zu erlangen und sich fortwährend damit zu beschäftigen. Daher kommt es, daß in den ersten christlichen Jahrhunderten die Bischöfe und Priester ausschließlich die Güter der Kirche verwalten: das ist eine durch die Geschichte bestätigte Thatsache. Wenn man in der Folge den Bischöfen und Priestern Laien in der Verwaltung der Güter der Kirchenfabrik beigesellt, so hat das seinen Grund darin, daß die Laien durch ihre Freigebigkeit beitrugen, diese Mühewaltung zu vermehren und daß man nach den Worten des gelehrten Thomassinus (de ecclesia disciplina III. p. 765) sie auf diese Weise von dem guten Gebrauche überzeugen wollte, den man von ihren Liebeswerken machte. Aber die Pfarrgenossen konnten nicht in die Verwaltung der Kirchengüter eintreten, ohne hierzu vom Bischof und dem Kapitel berufen zu sein: „Laici sine assensu praelatorum et capitulorum bona fabricae ecclesiae deputata administrare non possunt." So lautet ein Canon der Synode von Salzburg 1420" [1].

123. Da hätten wir das Zeugniß eines Mannes, der gewiß den Gegnern keinen Verdacht einflößen wird, da er der Kirche gegenüber eifersüchtig die Rechte des Staates wahrte. Er constatirt zweierlei: 1) daß in jenen Zeiten, deren Einfachheit und Zucht die Gegner so sehr rühmen, in den ersten christlichen Jahrhunderten nämlich, der Klerus ausschließlich die Kirchengüter verwaltete; 2) daß, wenn später auch Laien hierzu verwandt wurden, sie der Bischof zu diesem Amte berief.

Mit Unrecht folgert man deßhalb aus der Herbeiziehung von Laien zur Verwaltung der Kirchenfabrik, dieselbe sei in den Händen der bür-

---

[1] De Montpellier, défense p. 196.

gerlichen oder staatlichen Obrigkeit, nicht aber in denen der Kirche ge=
wesen. Auch die Laien beichten. Ist darum die Beichte eine bürger=
liche oder politische Verrichtung? Fürwahr ein herrlicher Schluß von
Seiten der Gegner: Laien nehmen Theil an der Verwaltung der Kirchen=
fabrik, also ist diese Verwaltung etwas Bürgerliches oder Politisches.
Sind denn die Laien keine Mitglieder der Kirche? Warum sollte also
die Kirche nicht auch Laien an der Verwaltung ihrer Güter theilnehmen
lassen? Der Umstand vollends, daß die Laien hierzu vom Bischofe
mußten berufen werden, daß sie nicht ausschließlich jene Verwaltung
führten, sondern darin nur den Geistlichen beigesellt wurden, beweist,
daß auch der für die Kirchenfabrik bestellte Rath eine kirchliche Einrich=
tung war.

124. Wir können endlich aus dieser geschichtlichen Thatsache schließen,
daß kein Grund besteht, warum fortan die Diener der Kirche und der
Römische Papst von aller Sorge für das Zeitliche und von jeglichem
Eigenthum auszuschließen seien. 1800 Jahre hindurch haben dieselben
die Verwaltung so vieler zeitlicher Güter entweder ausschließlich geführt
oder durch ihre Aufsicht geleitet; eine solche allgemeine Disciplin aber
kann nicht der katholischen Glaubens= oder Sittenlehre widersprechen,
muß vielmehr im schönsten Einklang damit stehen. Sie kann auch nicht
der Kirche oder dem Kirchengute schädlich sein. Denn eine Gesellschaft,
wie die katholische Kirche ist, sie weiß doch auch, was ihr frommt oder
Nachtheil bringt und scheidet früher oder später, wie jeder lebendige Or=
ganismus, das Schädliche aus. Endlich kann auch nicht eine so lange
Zeit unter so vielen Nationen bestandene Einrichtung den Staaten ver=
derblich gewesen sein. Denn man darf doch nicht annehmen, daß die
Staaten erst im XIX. Jahrhundert Verstand bekommen; gewiß haben
sie sich auch früher auf ihren Vortheil und Nachtheil verstanden; sie
hätten darum eine verderbliche Einrichtung längst vorher beseitigt. So
zeigt uns denn die Thatsache, daß die Verwaltung zeitlicher Güter 1800
Jahre hindurch bei der Kirche gewesen, daß weder von Seite der Glau=
bens= und Sittenlehre, noch von Seiten der kirchlichen und staatlichen
Wohlfahrt ein Grund vorhanden ist, die kirchlichen Personen von der
Sorge für zeitliche Güter auszuschließen.

125. Schließlich bliebe uns nur noch übrig, den Bann, welchen
die Kirche gegen die Verletzer kirchlicher Rechte ausgesprochen, aus Schrift
und Tradition zu rechtfertigen. Das ist nun nicht schwer. Bei Matth.
18, 17, wo nach dem Urtheile der Exegeten von der Excommunication

die Rede ist, gibt der Heiland als Grund derselben an: wenn Jemand gegen den Bruder gesündigt und trotz aller Mahnungen, selbst von Seiten der Kirche, von seinem Unrecht nicht abstehen will. Nun, dieser Grund findet im höchsten Grade beim Kirchenraube [1] statt. Da sündigt man nicht etwa bloß gegen ein Mitglied der Kirche, sondern gegen die Kirche selbst, den Verein aller Brüder, man thut es trotz der bestimmtesten, der strengsten Mahnungen, welche die Kirche seit Jahrhunderten, ja nun fast seit zwei Jahrtausenden gegen diese Sünde hat ergehen lassen. Also gewiß Grund genug für die Excommunication.

126. Die Kirche hat denn auch in der That vom Anfang an so gedacht und gehandelt. Beweis dafür ist, daß sie noch in den Zeiten der Verfolgung aus ihrer Mitte diejenigen als Verräther (Traditores) ausgeschlossen, welche heilige Schriften oder Kirchengeräthe der heidnischen Obrigkeit auslieferten. Auch unter den sogenannten Apostolischen Canones befinden sich zwei, die auf die Entwendung von Kirchensachen die Strafe des Bannes setzen. LXXII. „Wenn ein Kleriker oder Laie Oel oder Wachs aus der heiligen Kirche nimmt, so sei er ausgeschlossen.“ LXXIII. „Niemand soll Gott geweihte goldene und silberne Gefäße oder Leinwand zu seinem Gebrauche sich aneignen, denn es ist ein Frevel. Wer darüber ertappt wird, soll mit der Ausschließung bestraft werden.“ Gleicherweise verhängen zwei Canones (VII und VIII) der Synode von Gangra aus der Mitte des vierten Jahrhunderts den Bann über diejenigen, welche die der Kirche zukommenden Fruchtspenden irgendwie unterschlagen. In energischer Weise spricht auch der hl. Leo (im J. 447) gegen die Verschleuderung des Kirchengutes, er droht sogar den Geistlichen jeglichen Grades mit Absetzung und Bann, sollten sie aus sträflicher Nachsicht in die Benachtheiligung des kirchlichen Vermögens einwilligen. Andere Canones sind bereits in einer frühern Broschüre angezogen; auch werden ähnliche Bestimmungen in den Zeiten des Mittelalters so häufig, daß es wirklich hieße, Wasser in das Meer tragen, wollte man diese von Niemanden bezweifelte Thatsache noch mit vielen Zeugnissen belegen.

127. Die oben angeführten Canones gehen aber weit den Zeiten

---

[1] Wir müssen hier bemerken, daß der Tridentinische Canon nicht nur von Kirchenraub, sondern auch von Verletzungen anderer kirchlichen Rechte handelt. Darf die Kirche aber den Verletzer ihres Eigenthumsrechtes mit dem Bann belegen, so darf sie ein Gleiches gegen diejenigen thun, die da wider andere wohlerworbene Rechte der Kirche freveln.

des Mittelalters voraus, sie zeigen, daß von Anfang an Eine Ueber=
zeugung die katholische Kirche belebt hat, das Bewußtsein nämlich des
von Gott erhaltenen Rechtes, irdische Güter zu besitzen und zu erwerben
und die gegen dieses Recht Frevelnden im Namen Gottes zu strafen.
Eine solche von Anfang an in der Kirche lebende Ueberzeugung kann
aber nicht dem Glauben oder den Sitten widersprechen; folglich kann sie
auch nicht auf einer Vermengung der politischen und religiösen Ordnung
beruhen, denn nichts ist mehr der katholischen Religion entgegen, als
diese Vermengung.

Uebrigens hat Gott durch seine Gerichte das kirchliche Urtheil oft
bestätigt. Schon die Apostelgeschichte berichtet uns einen denkwürdigen
Fall. Ananias und Saphira thaten, als ob sie den Erlös ihres Ackers
der Kirche geben wollten, doch hielten sie von diesem Geschenke heimlich
einen Theil zurück. Dafür wurden sie von dem ersten Haupte der Kirche
scharf gerügt, von Gott aber mit dem Tode bestraft. Solche Gottesge=
richte gegen diejenigen, welche das Kirchengut beeinträchtigen und deß=
halb die kirchlichen Censuren sich zuziehen, kehren zu allen Zeiten in auf=
fallender Weise wieder. Sie drücken das göttliche Siegel auf das Urtheil
der Kirche, gegen das die Gegner so lästern.

128. Doch es wird Zeit, diese zu hören, ihre Gründe zu prüfen.
Allein ist gut laufen, sagt ein arabisches Sprüchwort, d. h. wer allein
in einer Rennbahn läuft, wird nie im Wettkampf besiegt. Man kann
aber auch hinzusetzen: wird niemals siegen. Wir wollen deßhalb hier
das Hauptsächlichste erörtern, was die Gegner für ihre Meinung an=
führen. Versetzen wir uns also einen Augenblick unter jene Männer,
welche die neue Aera mit der Säcularisation des Kirchengutes begannen.

Am 10. October 1789 trat in der französischen Nationalversamm=
lung ein Bischof auf. Beredt stellt er den Deputirten der drei Stände
die gegenwärtige Finanznoth des Staates vor, die ungeheuren Schul=
den, die erschrecklichen Deficits, die vielen Ausgaben, welche die Wieder=
geburt Frankreichs noch erheische. Er setzt hinzu: „Alle Mittel, über
die man verfügen kann, oder die man vorgeschlagen hat, reichen nicht
aus für solche colossale Bedürfnisse, sie vermögen keineswegs die Ord=
nung in den Finanzen und den Glanz des Reiches wieder herzustellen.“
Er sucht also neue Hülfsquellen und siehe, er entdeckt eine unermeßliche:
die Güter des Klerus [1].

---

[1] Buchez, Histoire parlementaire III, 156.

Der Bischof (oder sagen wir lieber, da er durch seine Apostasie sich jenes erhabenen Namens unwürdig gemacht) Talleyrand war sich der großen Schwierigkeit bewußt, seinen Vorschlag durchzusetzen; es galt in der That ein Eigenthum anzugreifen, das nicht nur wie jedes Eigenthum durch das jedem Menschen innewohnende Rechtsgefühl, sondern durch die religiöse Ueberzeugung des Volkes, durch den Bann der Kirche, durch die verbrieftesten Urkunden, durch einen unvordenklichen Besitz geheiligt und geschützt war. Er schiebt darum auch sogleich die wirksamste Waffe gegen dieses Bollwerk vor, die große Finanznoth, der man auf keine andere Weise begegnen könne; er läßt darum die Abgeordneten, um sie gegen jede Rücksicht zu betäuben, in jenen schrecklichen Abgrund blicken, den Mirabeau ihnen wenige Tage vorher (24. Sept.) so rednerisch ausgemalt hatte. Unzureichend hatten sich alle Vorschläge gezeigt, die sie vor dem Sturz in jenen klaffenden Abgrund bewahren sollten. Rathlos sah man sich nach andern Mitteln um. Diese Noth machte sie geneigt, Alles anzunehmen, was ihnen einen Schimmer von Hoffnung bot; sie ward geschickt von Talleyrand ausgebeutet, indem er der rathlosen Versammlung in der Säcularisation der Kirchengüter eine unerschöpfliche Goldader zeigte.

129. Daß bei dieser Maßregel Alles nur auf ihre finanzielle Seite ankam, geht auch aus den Gründen hervor, womit Talleyrand die Rechtlichkeit der Säcularisation darzuthun suchte. Dieselben können ihm nicht ernstlich gemeint sein. Zum Beweise nur Folgendes. Der größte Theil der Kirchengüter war in den Händen des mit der Seelsorge beschäftigten Klerus. Talleyrand verhehlt nun nicht, daß man beachtungswerthe Gründe gegen die Säcularisation dieser Güter vorbringen könnte, aber er meinte, wenn der Staat alle Verpflichtungen übernehme, welche nach der Absicht der Fundationen auf diesen Gütern lasten, so könne man sie einziehen. Diese Verpflichtungen bestanden nun nach Talleyrand darin, daß vom Einkommen der Pfründen zuerst der Klerus unterhalten, der Rest aber für die Kirchenfabriken und zur Unterstützung der Armen verwendet werde. War man nun entschlossen, für diese Zwecke das gesammte Einkommen jenes Kirchenvermögens zu verwenden, so konnte die Einziehung desselben dem Staate keine unermeßliche Gewinnquelle zur Deckung seiner Schulden sein. Im Gegentheil, es ließ sich mit Bestimmtheit voraussehen, daß der Verkauf einer so ungeheuren Masse von Gütern, dessen Rechtmäßigkeit noch dazu Vielen höchst zweifelhaft war, weit unter dem wirklichen Preis geschehen mußte. Wie hätte der Staat

aber dann nach Verschleuderung eines so großen Eigenthums noch alle auf demselben lastenden Verpflichtungen erfüllen und demgemäß ein den damaligen Einkünften des kirchlichen Vermögens entsprechendes Aequivalent zum Unterhalt der Kirchen, des Klerus und der Armen verwenden sollen! Fürwahr, er hätte in dieser Voraussetzung aus der Säcularisation des Kirchengutes keinen unermeßlichen Vortheil, sondern Nachtheil gehabt. Sollte das einem Talleyrand verborgen geblieben sein? Seine Klugheit bürgt uns für das Gegentheil; es war ihm ebensowenig wie andern Gesinnungsgenossen mit seiner Abschweifung auf rechtliche Begründung der Säcularisation Ernst; die finanzielle und politische Seite der Frage wurde ausschließlich beachtet. Dieß wurde kurze Zeit darauf ganz unumwunden ausgesprochen. Als nämlich die Klosterfrage zur Sprache kam, ließ sich der Abgeordnete Garat, der Aeltere, in heftiger Weise für die Aufhebung der Orden aus; es wurden ihm nun von Seiten eines Bischofes die Grundsätze des katholischen Glaubens entgegengehalten, aber einstimmig riefen mehrere Liberale, man solle nicht die Religion in diese fast ausschließlich finanzielle Frage verwickeln und sie mit derselben compromittiren [1].

130. Das ist nun ein Gebiet, worauf wir den Gegnern unmöglich folgen können; nicht als ob wir zugäben, daß der Verkauf der Kirchengüter dem französischen Staate aus der Noth geholfen; die Säcularisation hat im Gegentheil ihn nur um so eher in den Bankerott gestürzt, dem man durch sie zu entgehen suchte; sie veranlaßte ja die Ausgabe der Assignaten, die bald bis in's Fabelhafte vermehrt, unmöglich eingelöst werden konnten.

Auch bei den neuern Einziehungen des Kirchengutes stellt sich der Unsegen, den sie in finanzieller Hinsicht dem Volke bringen, immer deutlicher hinaus. Wir wollen nur Einen Punkt hervorheben, der bereits in Portugal und Mexiko eingetreten ist und auch Italien bedroht. Da in diesen rein katholischen Ländern unter den Einheimischen sich nicht Käufer genug finden, welche mit dem Verrath ihrer katholischen Ueberzeugung und Zuziehung des Bannes die große Masse der Kirchengüter kaufen wollen, so müssen sie an ausländische Protestanten und an Juden losgeschlagen werden. So haben Engländer in Portugal einen großen Grundbesitz erworben. In Mexiko wurden gleichfalls die Kirchengüter Ausländern für einen Spottpreis überlassen. Der Vertreter der nord-

---

[1] Buchez l. c. IV, 398.

amerikanischen Staaten allein hat so um zwei Millionen Dollars ange=
kauft (Köln. Blätter. Nro. 280. 1866). Für Italien haben sich bereits
Gesellschaften von Engländern und Israeliten zum Erwerb der Kirchen=
güter gebildet und so geschieht es, daß der Italienische Liberalismus
doppelt und dreifach das Land an Juden und Ausländer verkauft. Eines=
theils hat er von diesen zur Ausführung der Annexionen des Kirchen=
staates und der andern Provinzen Milliarden leihen müssen, so daß das
Volk für die Staatsschuld ungeheure Zinsen bezahlen muß. Da aber
dazu bis jetzt die ungeheure Vermehrung der Steuern und Zwangsan=
leihen nicht ausreichen will, zwingt die Noth, die einträglichsten com=
merciellen Unternehmungen nun denselben Leuten zu überlassen. So
hat Rothschild alle Staatseisenbahnen an sich gebracht, indem er kaum
die Hälfte der Baukosten dafür bezahlte. Auch die Tabakregie soll an eine
Gesellschaft losgeschlagen werden. Dazu wird dann künftighin die Pacht
kommen, welche die Italienischen Bauern für die verkauften Kirchengüter
ausländischen und jüdischen Herren zahlen werden. Fürwahr eine solche
Sklaverei in ökonomischer Hinsicht dem Auslande gegenüber ist doch
drückender als politische Abhängigkeit von einem auswärtigen Fürsten.
Das ist demnach der finanzielle Segen, den die Säcularisation in katho=
lischen Ländern dem Volke bringt. Während früher der einheimische
Klerus, die von ihm unterstützten Armen, die große Masse von Ackers=
leuten, die gegen einen geringen Zins die Kirchengüter gepachtet, also
die Kinder des Landes von den reichen Einkünften der Kirche zehrten,
muß jetzt das Volk für dieselben Güter eine schwere Pacht an die
fremden Herrn zahlen und noch obendrein die Kosten für den Klerus,
den Kult und die Armen tragen. Mit Einem Wort, bei der Einziehung
des Kirchengutes in katholischen Ländern läuft Alles, wenn man nicht
hohle staatsökonomische Theorien, sondern die nackte Wirklichkeit beachtet,
auf die Ausbeutung des katholischen Volkes durch Ausländer und Juden,
also auf das Schicksal der armen Irländer, hinaus. Das jedoch nur
nebenbei. Denn es frägt sich bei unserer Erörterung nicht, ob die Sä=
cularisation Geld einbringt, sondern vor Allem, ob sie den Grundsätzen
der katholischen Religion und des Rechtes entspricht.

131. Was nun das erstere betrifft, so gestehen die Gegner ohne
Mühe, daß die Säcularisation dem katholischen Glauben widerspreche [1],

---

[1] Freilich berief man sich hie und da auf die Pflicht der Kirche, zur Abhülfe
großer Nöthen des Volkes beizutragen, aber wer möchte deßhalb, weil die Privaten

und wenn dieselben es nicht eingestehen wollten, wir haben das oben weitläufig genug gezeigt und aus Schrift und Tradition begründet.

Wir gehen deßhalb sogleich zur Frage über: Harmonirt die Säcularisation mit den Grundsätzen des Rechtes, oder ist sie eine einfache Ausübung der Gewalt gegen einen Wehrlosen?

Diese Frage ist leicht zu beantworten, wenn wir nicht den Maßstab willkürlicher Theorien, sondern des positiven, geschichtlichen Rechtes gebrauchen wollen.

In Deutschland war der Kirche durch den Westphälischen Frieden der Besitz aller ihrer Güter auf das Feierlichste garantirt. Aehnliches thun der Wiener Friede, die neueren Concordate und Verfassungsurkunden. In Betreff rein katholischer Länder stieg hierüber vor der Säcularisation kaum ein Zweifel auf; das Recht der Kirche war durch Religion, Sitte, graues Alter so geheiligt, daß man dergleichen förmliche Garantieen für überflüssig hielt. Die Säcularisation ist demgemäß ein Eingriff in das bestehende Recht, ein Bruch der Verträge, eine Verletzung des von den Staaten selbst auf das Feierlichste garantirten Eigenthums. Die Ungerechtigkeiten einer solchen Handlung erkennen die tüchtigsten protestantischen Juristen bereitwillig an [1]. Aber auch manche Lobredner der Säcularisation gestehen den Widerspruch derselben mit dem bestehenden positiven Recht zu, ja die Männer von 1789, welche die Säcularisation beschlossen, machten sich ein Verdienst daraus, das gesammte ältere Recht über den Haufen gestoßen zu haben.

132. Womit rechtfertigen sie denn die Einziehung des auf Milliarden veranschlagten kirchlichen Eigenthums? Nun wohl, sie brachten ihre willkürlichen natur- und staatsrechtlichen Theorien und philosophischen

---

eine ähnliche Pflicht haben, dem Staate das Recht zusprechen, ohne Weiteres das gesammte Privateigenthum in Beschlag zu nehmen oder auch Gütereinziehung über eine ganze Klasse unschuldiger Bürger mit Verschonung der übrigen zu verhängen? Man hat ferner auf die Schenkungen von Kirchengütern hingewiesen, welche die Päpste bisweilen weltlichen Fürsten zu Gunsten des öffentlichen Wohles gemacht haben; aber dieser Grund ist allzu gehaltlos, als daß er einer ernstlichen Widerlegung bedürfte. Oder steht uns deßwegen, weil ein Anderer uns große Almosen oder Geschenke gab, nun auch das Recht zu, ihm sein ganzes Vermögen zu nehmen? Gewöhnlich bringen die Gegner denn auch nicht Gründe vom positiv christlichen Standpunkte vor und darum sehen wir uns gezwungen, ihnen auf ein anderes Feld zu folgen, wollen wir nicht diese wichtige Frage von der heutzutage am meisten beachteten Seite unerörtert lassen.

[1] Siehe Richter, Lehrbuch des Kirchenrechtes § 288.

Systeme vor, nach denen das Alles heiligende Staatswohl die Säcularisation erheische. Ein unermeßlicher Besitz, so sagte man, sei in den
Händen des Klerus und diene dem Luxus, der Prasserei, der Herrschsucht dieses privilegirten Standes. Das Staatsinteresse verlange, daß
durch die Säcularisation endlich einmal die Macht der Geistlichkeit ge-
brochen, diese selbst durch Besoldung von Seiten des Staates unterthä-
niger und willfähriger für die Forderungen der Regierung gemacht
würde und die Güter der todten Hand, in Umlauf gebracht, den Natio-
nalreichthum des Volkes unendlich steigerten. Achtung müsse man haben
vor dem Eigenthum, das durch Arbeit und Klugheit erworben, nicht aber
vor dem Vermögen der geistlichen Müßiggänger.

133. Bevor wir dergleichen Phrasen widerlegen, möchten wir die
Leser daran erinnern, wie ähnlich dieselben mit den Worten der Socialisten und Umsturzmänner jeder Zeit sind. Man lese nur einmal die
Brandrede Catilina's, die uns Sallust aufbewahrt; dort wird man dieselben Tiraden gegen den Reichthum und die Macht des römischen Adels
finden. Aber es ist nicht nothwendig, bis in's graue Alterthum hinauf-
zusteigen. Lauten die Angriffe der heutigen Socialisten und Communi-
sten gegen die besitzende Klasse anders? Auch sie schreien über das unermeßliche Kapital, das in den Händen der Bourgeoisie sich anhäufe;
diese wenigen reichen Herrn vermöchten Alles, das Volk nichts; sie könnten mit allem Prassen des Geldes nicht Meister werden, indeß das Volk
verhungere; wegen der Allmacht des der Bourgeoisie gehörigen Kapitals
sei es den Armen unmöglich aufzukommen, so thätig, so mäßig, so ta-
lentvoll sie auch seien, während das Erbrecht ohne Mühe und Arbeit
ungeheure Vermögensmassen zum Schwelgen und Müßiggehen übermache.
Auf diese Weise sei das Volk nahezu ein rechtloser Stand, von dessen
Schweiß man sich mäste, dessen Blut man aussauge. Nicht nur das
Interesse, sondern die Noth des Volkes verlange gebieterisch eine Umgestaltung der Vermögensverhältnisse. Doch es ekelt uns an, dergleichen
Redensarten noch weiter fortzuspinnen, es ist auch nicht nöthig; unser
Zweck bei der Anführung dieser Worte ist erreicht, denn man wird in
denselben ohne Mühe eine Aehnlichkeit mit den vorhin für die Säcularisation gebrachten Gründen wahrnehmen; der Unterschied besteht nur darin, daß eine viel größere Bitterkeit in den Reden der neueren Umsturzmänner sich ausspricht, als in den früheren Auslassungen gegen den reichen Klerus. Auch das ist leicht zu erklären.

134. Die begüterten Abteien und geistlichen Fürsten mochten ver-

kommen sein, Geiz und Härte gegen Arme hatte man ihnen selten vorzuwerfen; sicher übertrafen sie an Freigebigkeit im Allgemeinen unvergleichlich unsere heutigen Finanzmänner. Auch ließen sie das Volk gegen eine unglaublich geringe Erbpacht oder niedrigen Lehnzins an den Früchten der kirchlichen Güter bereitwillig theilnehmen. Der Cölibat verhinderte ferner durchaus die Vererbung der Güter innerhalb einer abgeschlossenen priesterlichen Kaste, im Gegentheil der Klerus rekrutirte sich fort und fort aus allen Ständen des Volkes, die somit in ihren Kindern und Angehörigen die Einkünfte des Kirchenvermögens genossen, und sicher war es einem Dürftigen, den Talent, Fleiß und Sitten empfahlen, unendlich leichter, eine ansehnliche Stellung im Klerus zu gewinnen, als es ihm jetzt gelingen will, reich zu werden. Endlich ist in jenen Zeiten die Vertheilung der Güter nicht so ungleich gewesen, als sie gegenwärtig bei dem schrecklichen Wachsthum des Pauperismus zu werden droht; und wenn auch manche Glieder jenes reichen Klerus durch Müßiggang und Luxus ihren Stand entehrten, den meisten Geistlichen lagen doch noch so viele Entbehrungen und Arbeiten zum Besten des Volkes ob, daß auch in dieser Beziehung ein Vergleich des Klerus vor der Säcularisation mit unserer jetzigen Finanzaristokratie nur zu Gunsten jenes Standes ausfallen würde.

Alles dieses erklärt uns, warum in den Phrasen für die Säcularisation gewöhnlich nicht der bittere Ton vorkommt, den die heutigen Socialisten so häufig gegen die besitzenden Klassen anschlagen. Es beweist aber auch, daß die Gründe für die Einziehung der Kirchengüter mit viel größerem Rechte zu Gunsten socialistischer Reformen geltend gemacht werden können. Verabscheut man diese mit Recht, nun dann muß man folgerichtig auch die Säcularisation verdammen.

135. Nach diesen Vorbemerkungen wird eine kurze Widerlegung besagter Gründe genügen. Die Gegner suchen die Säcularisation durch das Interesse des Staates zu rechtfertigen. Nun wohl, das höchste Interesse des Staates ist der Schutz des Rechtes und besonders des Eigenthums. Das ist sein vorzüglichster Zweck, um dessentwillen er von Gott gegründet ist und von den Menschen erstrebt wird. Besitzt also die Kirche rechtmäßig Eigenthum, so fordert das höchste Interesse des Staates den Schutz dieses Eigenthumes, sowie von der andern Seite dessen Beraubung eine Verleugnung jener Principien ist, worauf die Wohlfahrt, ja das Sein des Staates gegründet ist.

Noch mehr; durch den Verkauf der Kirchengüter zieht man das Volk mit in diese Schuld und verletzt um so ärger sein Gewissen, da nicht nur sein Rechtsgefühl, sondern auch seine Religion die Güter der Kirche für unverletzlich erklärt. Was soll nun noch das übrige Eigenthum schützen, das dieser besondern Weihe entbehrt? Sind einmal die Grundsätze des Rechtes und der Religion beim Volke erschüttert, so kann nur die Gewalt hindern, daß Habgier, Noth, Parteileidenschaft sich des Privateigenthums bemächtigen.

136. Die Geschichte gibt uns hierfür schlagende Belege. Die Sekten des Mittelalters, welche es auf die reichen Güter des Klerus absahen, wollten insgemein eine Umgestaltung der socialen Verhältnisse, es mußte Gewalt in schrecklicher Weise gebraucht werden, um diese gefährlichen Feinde der Ordnung zu unterdrücken. Bei der Reformation gingen die Angriffe auf das Kirchengut mit ähnlichen socialistischen Bestrebungen Hand in Hand, und nur die Aufbietung der äußersten Gewalt konnte die aufgewiegelten Bauern und den communistischen Aufruhr der Wiedertäufer bezwingen.

Die französische Revolution, welche mit der Säcularisation der Kirchengüter begann, drohte mit Robespierre, Leboeuf und Buonarotti in den Abgrund des Socialismus und Communismus zu versinken, wenn nicht die Bourgeoisie sich zusammengerafft und durch Gewalt die Gefahr abgewandt hätte.

In neuester Zeit hat Italien die Kirchengüter säcularisirt, aber Niemanden, der aufmerksam die dortigen Zustände betrachtet, wird es entgehen, wie sehr eine gewaltsame Umgestaltung der socialen Verhältnisse dieses schöne Land bedroht. Schon ist die Rückkehr Mazzini gestattet und mag er es auch vorderhand vorziehen, hinter den Coulissen zu arbeiten, es liegt nur an ihm, ob er im Triumph in Italien einziehen will. Was wird er aber thun an der Spitze seiner mächtigen, energischen Partei? Wird er sich jetzt von seinen socialen Anschauungen bekehren, da er seine Wünsche, einen nach dem andern, sich verwirklichen sieht? Sicher würde eher ein Strom zurückfließen, als daß solches geschehe. Will aber Mazzini seine Ideen ausführen, er findet dazu die herrlichsten Vorarbeiten.

Mit der Säcularisation wurde bekanntlich eine Zwangsanleihe von 400 Millionen beschlossen. War das zur Führung eines Eroberungskrieges erlaubt, so wird die Beredsamkeit Mazzini's leicht auseinandersetzen können, wie das Wohl des Volkes, die Noth der Arbeiter andere

Zwangsanleihen erheische. Das Gesetz in Betreff der Verdächtigen, das auch die unschuldigsten Bürger der reinen Willkür der Beamten aussetzt, ist eine schöne Vorstufe zu Proscriptionen. Sollten diese letztern die Vermögensverhältnisse noch nicht gründlich reformiren, so wird der Brigantaggio nachhelfen, und was ist in einem Lande nicht möglich, wo ein Haufe verwegener Menschen sich in einer Stadt von nahezu 200,000 Einwohnern (Palermo) festsetzen konnte? Auch Neugranada und Mexico gaben in der Gegenwart ein Beispiel der Säcularisation. Herrscht aber nicht in diesen unglücklichen Staaten eine bodenlose Unsicherheit aller Verhältnisse?

137. Die Geschichte beleuchtet also genugsam unsere Behauptung, daß durch Säcularisation die Grundsätze des Rechtes beim Volke erschüttert werden. Wenn aber das geschieht und nicht mehr das Recht, sondern die Gewalt über die Eigenthumsverhältnisse entscheidet, wird die reiche Klasse bei dem steigenden Pauperismus immer an Gewalt dem besitzlosen Volke überlegen bleiben? Sie mag auf die stehenden Heere vertrauen, aber unsere Heere sind, weil aus dem Volke genommen, nicht so zuverlässig gegen die eigenen Väter und Brüder, als sie tapfer nach Außen sind.

Fassen wir das Gesagte kurz zusammen: das höchste und heiligste Interesse des Staates erheischt gebieterisch, das Eigenthum der Kirche zu schützen und verdammt dessen Säcularisation.

138. Die Kraft dieses Beweisgrundes ist den Liberalen sehr gut bekannt. Was haben sie deßhalb nicht ausgeflügelt, um der ihnen unbequemen Eigenthumsfrage auszuweichen oder sie abzufertigen? Häufig bediente man sich hierzu der Systeme, welche die Kirche sammt ihrem Kulte dem Staate unterwerfen und deßhalb das Obereigenthum des Staates für das Kirchenvermögen ansprechen; doch diese können wir füglich übergehen, weil wir in dieser Broschüre genugsam die Freiheit und Unabhängigkeit der Kirche und ihres Kultes dargethan haben. Andere haben zur Beschönigung der Säcularisation darauf hingewiesen, daß das Kirchengut von der Freigebigkeit der Fürsten herrühre. Es ist diese Unterstellung nicht richtig. Aber gesetzt, es sei, was beweist sie? Nichts für unsere Frage. Geschenkt ist geschenkt, sagt man im gewöhnlichen Leben. Wer schenkt, gibt eben dadurch sein Eigenthum auf und entsagt so dem Rechte, die Sache wieder in Besitz zu nehmen. Wir wollen deßhalb gleich einen andern und zwar den hauptsächlichsten Versuch widerlegen, den man zu einer juristischen Rechtfertigung der Säcu-

larifation gemacht und den auch das Italienische Ministerium zur Be=
gründung seines Gesetzes über die Einziehung des Kirchengutes wieder
aufgetischt hat.

„Die juristische Persönlichkeit der Kirche und der kirchlichen Institute
ist, wie jede andere, vom Staate und kann von diesem wiederum unter=
drückt werden. Wird nun aber eine juristische Persönlichkeit unterdrückt,
so werden ihre Güter vacant und fallen dem Staate anheim."

So die Gegner.

Diese Rechtfertigung steht in Verbindung mit einer der schwierigsten
und verwickeltsten Fragen der Jurisprudenz, nämlich mit der über die
juristische Persönlichkeit. Eine ausführliche Erörterung derselben würde
uns zu weit führen, wir müssen und werden uns darum bestreben, die
juristischen Controversen so viel als möglich zu umgehen.

139. Versteht man unter juristischer Persönlichkeit das vom Staate
an Gesellschaften oder Institute verliehene Recht, Vermögen zu besitzen
oder das auf diese Weise vom Staate geschaffene künstliche Vermögens=
subject, so ist alle juristische Persönlichkeit vom Staate; aber eine ganz
andere Frage ist, ob keine Gesellschaft unabhängig vom Staate Ver=
mögen besitzen kann und ob es ganz in die Willkür des Staates gelegt
ist, diese Fähigkeit anzuerkennen oder nicht. Auf diese letztere Frage ist
nun die Antwort nicht schwer. Das Vermögen ist Voraussetzung und
Folge des menschlichen Handelns, das Handeln aber folgt dem Sein.
Kann also eine Gesellschaft unabhängig vom Staate existiren oder wird
ihre Existenz von der Natur gefordert, so muß ein Gleiches vom Han=
deln und vom Vermögen dieser Gesellschaft gesagt werden und es steht
dann nicht in der Willkür des Staates, ihr das Eigenthumsrecht zu
verweigern.

Solche Gesellschaften, die ihren Ursprung der Natur verdanken,
sind nun die Familie, die Ortsgemeinde, der Staat. Was die Familie
betrifft, so tritt freilich ihre vermögensrechtliche Stellung im Römischen
und in den nach dessen Vorbild verfaßten neueren Rechten wegen der
überwiegenden Gewalt des Vaters zurück und konnte so zurücktreten,
weil der Vater natürliches Haupt und Repräsentant der Familie ist;
dennoch findet auch in diesen Gesetzbüchern das sociale Recht der Fa=
milie mannigfache Anerkennung, wie in dem gemeinschaftlichen Besitz
der Ehegatten, in dem Rechte der Kinder auf Alimente und auf den
Pflichttheil bei der Erbschaft, in dem Umstande, daß gewisse Intestat=
erben (haeredes sui) erwerben, ohne einen Act zu setzen. Die Fähig=

keit des Staates und der Ortsgemeinde, Vermögen zu besitzen, ist allgemein anerkannt, sie werden darum natürliche juristische Personen genannt.

140. Doch nicht nur Familie und Staat, auch die Kirche hat einen göttlichen Ursprung, und kraft dieses göttlichen Ursprungs das Recht zu sein, zu wirken und Vermögen zu besitzen, ein Recht, das eben wegen dieses göttlichen Ursprunges von Niemanden, auch nicht vom Staate verkümmert werden darf.

Der ungläubige Liberalismus erkennt nun zwar nicht den göttlichen Ursprung der Kirche an, aber durch seine Principien über Kultusfreiheit gezwungen, kann er der kirchlichen Gesellschaft nicht das Recht zu existiren verweigern, noch ihr dasselbe entziehen. Muß er aber solches der Kirche gewähren, so folgt hieraus von selbst das Recht der Kirche zu wirken und zu besitzen. Diese drei Dinge gehören nun einmal, wie oben bemerkt, in der socialen Ordnung zusammen. Es ist also falsch, grundfalsch die Voraussetzung der Gegner, das Vermögensrecht aller Gesellschaften hänge von dem Willen des Staates ab. Dieß muß sogar beschränkt werden bei den sogenannten willkürlichen Gesellschaften. Der in die menschliche Natur vom Schöpfer gelegte gesellige Trieb bringt nämlich nicht nur Familie, Gemeinde, Staat hervor; er führt durch Verträge auch zu freiwilligen Vereinen nach Verschiedenheit der Bedürfnisse, deren Befriedigung die Kraft eines Einzelnen übersteigen. Wie der Trieb zur Bildung von Gesellschaften und das Vertragsrecht, so ist auch das Recht solcher willkürlichen Gesellschaften in der Natur begründet, und die Verleihung der Corporationsrechte von Seiten des Staates ist nicht so sehr das Schaffen eines künstlichen Rechtssubjectes, als vielmehr die staatliche Garantie und Privilegirung eines in der menschlichen Natur wurzelnden und durch Vertrag entstandenen Rechtes [1]. Allerdings

---

[1] Diese Auffassung wird durch die Geschichte bestätigt. Die Verleihung von Corporationsrechten wird seinem ersten Keime nach im Römischen Rechte auf eine Bestimmung der 12 Tafeln zurückgeführt, die nach dem Zeugnisse des Gajus einem Gesetze Solon's entnommen war. Das letztere bestimmte, nachdem es die verschiedenartigsten Gesellschaften aufgezählt: „Was die Mitglieder unter einander vertragsmäßig festsetzen, soll rechtsgültig sein, wenn es nicht durch öffentliche Gesetze verboten ist." (L. 4 ff. de colleg. et corp. (47, 22.) Wie aus einem Fundament das Haus ersteht, so entwickelte sich aus dieser durch Solon und die 12 Tafeln gewährten staatlichen Garantie des durch die Natur und durch Vertrag entstandenen Rechtes die Gesetzgebung über die juristischen Persönlichkeiten. Darum hätte man nicht vergessen sollen, daß dieses Fundament die Grundlage alles darauf Gebauten blieb.

hat der Staat Gewalt über die Gesellschaften, welche ein seinem Staats=
zweck untergeordnetes Ziel verfolgen, er kann und soll sie beaufsichtigen,
die gemeinschädlichen verbieten und aufheben; aber wegen des so eben
angegebenen Charakters des gesellschaftlichen Rechtes hängt es nicht von
seiner Willkür ab, die Gesellschaften zu unterdrücken, ihnen die verliehe=
nen Corporationsrechte zu nehmen und sie ihres Eigenthums zu be=
rauben. Kann der Staat ganz willkürlich dieses von ihm garantirte
Recht vernichten, so muß eine Unsicherheit aller Rechtsverhältnisse ein=
treten. Am allerwenigsten vermag der Staat Corporationen massenweise
zu unterdrücken, um ihre Güter einziehen zu können und Geld zu ma=
chen. Es ist das ganz einfach das System der Proscriptionen, das jeder
Ehrenmann verdammen wird.

141. Nachdem wir so den ersten Satz der Gegner beleuchtet, kom=
men wir zum zweiten: die Güter einer aufgehobenen juristischen Per=
sönlichkeit werden vacant und fallen dem Staat anheim. Es ist das der
Angelpunkt der ganzen Beweisführung. Aber bei der Antwort darauf
können wir uns kurz fassen; und brauchen die Controverse nicht zu er=
örtern, wem die Güter einer Corporation nach ihrer Unterdrückung zu=
fallen; denn der genannte Satz, mag er nun wahr oder falsch sein,
findet in unserer Sache gar keine Anwendung. Die Gesellschaft, um
deren Güter es sich handelt, die Kirche, bleibt ja bestehen. Sogar die
Corporationen oder Stiftungen, denen zunächst der Besitz jener Güter
zukommt, werden zum großen Theil gar nicht aufgehoben, wie z. B.
Pfarreien und Curatbeneficien, Kirchenfabriken, Domcapitel, Diöcesen
u. s. w. Werden aber viele derselben zugleich bei der Säcularisation
aufgehoben, so können deren Güter nach allen Grundsätzen des Rechtes
nur an die Kirche heimfallen; denn jene Corporationen und Stiftungen
hatten die Güter nur als Glieder, als Institute der Kirche besessen, sie
hatten nur unter dem stillschweigenden oder auch ausdrücklichen Vorbe=
halte des Heimfalles an die Kirche diese Güter erlangt.

Führen wir zur Bestätigung des Gesagten das Urtheil eines der
angesehensten protestantischen Lehrer des Kirchenrechtes an. „Zwar hat
eine neuere Theorie," sagt Richter in seinem Lehrbuch (§ 288), „das Kir=
chengut ohne Weiteres für Staatsgut erklärt und mit ihr hat man na=
mentlich die Eingriffe zu beschönigen gesucht, in deren Folge die katho=
lische Kirche im Anfange dieses Jahrhunderts in Deutschland einen großen
Theil ihres Vermögens an den Staat verloren hat. Diese ganze Lehre
ist aber nach allen Seiten hin verwerflich, weßhalb neuere Gesetzgebungen

ihr mit Recht die Zusicherung der Unverletzlichkeit des Kirchengutes ent=
gegengestellt haben. (Bayr. Verfassungs=Urkunde IV. 9. 10. Würtem=
berg. V.=U. § 77. 82. Sächs. V.=U. § 60. Hannov. L.=V. § 75 :c.)
Zugleich verordnen dieselben mit Recht, daß das Vermögen solcher Stif=
tungen, deren fundationsmäßige Bestimmung nicht mehr erreicht werden
kann, wiederum ausschließlich zu kirchlichen Zwecken verwendet werden müsse,
sie versagen also dem sog. (staatlichen) Heimfallsrechte die Anwendung."

172. Nach dieser Auseinandersetzung kann es nicht zweifelhaft sein,
daß die Säcularisation ein schreiendes Unrecht zunächst gegen die Kirche
ist, deren Güter widerrechtlich eingezogen werden, dann aber auch gegen
alle Gläubigen, die Glieder derselben sind. Die ihres Eigenthums be=
raubte Kirche ist nicht ein ideales Gebilde, eine künstliche Fiction, son=
dern ein Verein von Menschen. Eine Rechtsverletzung gegen die Kirche
ist darum zugleich eine Rechtsverletzung gegen die Mitglieder, aus denen
sie besteht, wie die Schmach, welche man auf eine Familie wirft, zugleich
auf deren Glieder zurückfällt.

Die Säcularisation ist ferner ein schreiendes Unrecht gegen die
Armen, weil das Kirchengut auch zu ihrer Unterstützung bestimmt war.
Nirgends herrscht größerer Pauperismus als in England, derselbe be=
gann aber, wie der Protestant Cobbet in seinem bekannten Werke nach=
gewiesen hat, mit der Aufhebung der Klöster. Mehr denn 60 Jahre
sind verflossen nach der großen Säcularisation des Kirchengutes in Frank=
reich und Deutschland, und noch leben im Munde des Volkes die rüh=
rendsten Traditionen von der großen Wohlthätigkeit der alten Stifte und
Klöster. Die Indépendence, gewiß ein unparteiisches Blatt, wenn es
die Mönche lobt, brachte in einer Correspondenz aus Florenz (vom 27.
September 1866) die Notiz, daß „die Klöster von Palermo zum Min=
desten 25,000 Menschen Unterhalt gewährten." Und nun sollte die Ein=
ziehung dieses Kirchen= und Armen=Gutes kein Unrecht gegen die Ar=
men sein?

Dieselbe ist auch ein großes Unrecht gegen die Gemeinden, in denen
die kirchlichen Stiftungen liegen, denn nach ihrer Unterdrückung wird,
wie die allgemeine Erfahrung beweist, die Last zum Unterhalte der
Armen und zur Bestreitung der Kultuskosten, wofür das Kirchengut diente,
den Gemeinden und den in ihnen befindlichen Gläubigen aufgehalst.

Die Säcularisation ist ferner ein Unrecht gegen diejenigen, von
deren Gaben und letztwilligen Verfügungen das Kirchengut herrührt.
Mit welchem Rechte darf man diese Schenkungen, welche in aller Form

Rechtens und zu einem von den Gesetzen gebilligten und garantirten Zwecke geschahen, umstoßen und dem geschenkten Gute eine den Intentionen des Gebers ganz fremde Bestimmung geben?

Die Säcularisation ist endlich ein Unrecht gegen die kirchlichen Personen, die ihrer .in der rechtmäßigsten Weise erworbenen Einkünfte beraubt werden. Das wird freilich in unserer heutigen liberalen Zeit nicht mehr beachtet, weil der kirchenfeindliche Liberalismus gern den Klerus für eine Art Helotenthums ansieht, dem man frank und frei alles Mögliche zufügen dürfe. Es sei uns darum gestattet, an einem besonderen Falle zu zeigen, wie schreiend die Ausführung liberaler Grundsätze oft die billigsten privatrechtlichen Ansprüche der kirchlichen Personen verletzt; wir wählen hierzu die Aufhebung der Nonnenklöster.

143. Während der Staat sie noch anerkannte und ihre Rechte garantirte, traten Personen aus den achtbarsten Ständen in dieselben ein, entsagten häufig deßhalb den glänzendsten Verbindungen, ihrem Vermögen, verwandten ihre Güter zum Besten der Armen oder anderer frommer Zwecke, um sich dann ganz und ungestört dem Dienste Gottes und des Nächsten zu weihen. Jetzt unterdrückt der Staat ihre Corporation; nach liberalen Rechtsgrundsätzen darf er das Vermögen an sich ziehen und es ist Großmuth von seiner Seite, wenn er jenen armen Personen eine Pension gibt. Aber diese ist häufig so gering oder wird so schlecht ausbezahlt, daß sie nicht standesgemäß davon leben können; ihr Gelübde, ihr Stand, vielleicht auch ihr vorgerücktes Alter schneidet ihnen jede Aussicht auf eine anständige Heirath ab; ihr Lebensglück ist dahin; mit ihrem Berufe, in dem sie eine ehrbare Versorgung bis zum Tode fanden, ist es aus; auf die Straße gesetzt, bleibt diesen unschuldigen, um die Menschheit oft so sehr verdienten Personen nichts übrig, als um Unterstützung bei mitleidigen Gläubigen zu betteln. Wir reden hier nicht von eingebildeten Fällen. Mußten nicht an mehreren Orten in neuerer Zeit Sammlungen für die armen, aus ihrem Kloster vertriebenen Nonnen angestellt werden? Haben nicht die Damen Mexiko's den Kaiser gebeten, „er möchte doch einen mitleidigen Blick auf die Diener des Herrn werfen, die in peinliches Elend versunken, und auf die dem Herrn geweihten Jungfrauen, welche wegen der Einziehung ihrer Güter und der kirchenfeindlichen Angriffe von Hunger und Schmerz aufgerieben werden"?[1] Und eine solche Säcularisation sollte kein Unrecht sein?

---

[1] Civiltà. April 1865. p. 129. Die Säcularisation war von Juarez beschlossen.

O nein, nach liberalen Grundsätzen durchaus nicht. Was nach solchen Principien das Recht begründet, steht jenen armen Nonnen nicht zur Seite, für sie spricht keine Kammermajorität, für sie streitet kein siegreiches Heer; sie haben keine gepanzerten Flotten. Sie sind rechtlos, weil sie wehrlos sind, weil es die liberale Staatsmaschine ist, die mit ihren Rädern diese armen Personen zermalmt.

Doch genug; Gott hat ihre Thränen gesehen und wird sie rächen.

144. Die Säcularisation bleibt Unrecht, auch wenn man ihr andere schönklingende Namen beilegt. So hat man in neuerer Zeit dieselbe eine Ordnung des kirchlichen Vermögens genannt. (Riordinamento del' asse ecclesiastico.) „Der Staat," sagt man, „möge die Güter einziehen und dann die Geistlichen besolden. Auf diese Weise würde einer schlechten Verwaltung und Verschleuderung der Kirchengüter vorgebeugt, und der Kirche ein hinlängliches Auskommen garantirt. Der Staat könne dann auch die Mißverhältnisse zwischen dem Einkommen verschiedener geistlicher Stellen beseitigen, die armen Landpfarrer, denen die beschwerlichsten Arbeiten oblägen, besser besolden. Endlich würden so die kirchlichen Personen von den mit der Verwaltung des Irdischen verknüpften Sorgen und Mühen befreit und könnten sich ungetheilt ihrem heiligen Berufe widmen"[1]. Einer ernstlichen Widerlegung bedürfen solche Phrasen nicht, besonders da wir weitläufig die Unabhängigkeit der Kirche in ihren Angelegenheiten nachgewiesen haben. Was würden auch die liberalen Finanzmänner einem Menschen sagen, der ihnen ihr Vermögen mit den Worten rauben wollte: „Ich nehme euer Geld und werde euch jährlich eine Rente zu eurem Lebensunterhalt herausgeben. Hierdurch werdet ihr der vielen Sorgen überhoben und könnt euch etwas mehr mit eurem Seelenheil beschäftigen, was ihr bisher gar zu wenig gethan habet. Auch die ungeheuren Vermögensunterschiede müssen aufgehoben werden, denn ihr besitzet gar zu viel Geld in Vergleich mit Andern." Was man einem solchen Diebe sagen würde, das sage man sich selbst, wenn man eine ähnliche Sprache gegen die Kirche führt; denn

---

[1] Man merke auch auf den Widerspruch dieser liberalen Kirchenfeinde. Geht es gegen das Kirchengut, können die Geistlichen nicht fern genug von allen irdischen Dingen gehalten werden. Will man aber den Cölibat angreifen, dann soll der Klerus durch Heirathen und durch ein schönes Familienleben in der Besorgung irdischer Dinge gutes Beispiel geben. In diesen und ähnlichen Widersprüchen zeigt es sich so recht, daß es jenen Leuten nicht um Wahrheit, sondern nur um Phrasen zu thun ist.

dieser steht, wie jedem andern Eigenthümer, der Genuß und die Ver=
waltung ihres Vermögens zu.

145. Dergleichen Phrasen zur Beschönigung der Säcularisation
müssen aber um so mehr auffallen, als gerade diejenigen solche Sorge
für die kirchliche Wohlfahrt zur Schau tragen, welche von Haß gegen
die Kirche glühen und fortwährend deren Verderben zum Ziele aller
ihrer Wünsche und Bestrebungen setzen. Eine derartige Heuchelei ist
unendlich ekelhafter als offener Raub. Wollen sie deßhalb um jeden
Preis der Kirche ihr Vermögen nehmen, so mögen sie handeln wie an=
dere Räuber, die in ihrem Geschäfte um religiöse Vorwände nicht be=
kümmert sind. So ungerecht das Verfahren der letztern sein mag, es
ist doch noch ehrlicher, als jene Tartüfferei. Diese ist bei Gott und Men=
schen verhaßt, und deßhalb wird für sie, so sehr sie auch jetzt in den
Kammern und der öffentlichen Meinung triumphiren möge, der Tag
einst kommen, wo das Gericht der Weltgeschichte sie brandmarken und
das Gericht Gottes sie verurtheilen wird.

Was darum auch die Gegner sagen mögen, die Kirche hat ein un=
veräußerliches Recht Eigenthum zu erwerben, zu besitzen und zu ver=
walten. Es gehört das durchaus zur kirchlichen Unabhängigkeit; oder
ist Jemand selbstständig, dessen Vermögen von einem Vormunde ver=
waltet wird?

Nach göttlicher Anordnung ist also die Kirche frei und unabhängig
in ihrem Sein, in ihrer Wirksamkeit, selbstständig in ihren Rechten, in
der Ausübung ihrer Gewalt, im Erwerbe und in der Verwaltung ihres
Vermögens.

146. Freiheit und Unabhängigkeit ist so der von Gott gewollte
Charakter der Kirche; jedes Geschöpf befindet sich aber am besten in
dem von Gott ihm angewiesenen Elemente. Wie wohl ist es einem Fisch
im kühlen Grunde! Wie jubelnd schwirrt die Schwalbe durch die Luft?
Auch die Kirche lebt und webt am besten, wenn sie frei und ungehin=
dert, wie Gott es gewollt, ihre Wirksamkeit entfalten kann. Das Ent=
gegengesetzte sehen wir in den von ihr getrennten Kirchen. Der Staat
muß sie zusammenhalten; sich selbst überlassen sind sie in großer Gefahr,
in zahllose Sekten zu zerstieben und deßhalb übertrugen ihre Stifter in
ganz richtigem Instinkte der Selbsterhaltung die Gewalt über sie den
weltlichen Regierungen.

Hieraus geht auch hervor, wo wahres Leben ist. Sind die Pflanzen
erstorben, kann man sie nur dadurch vor Auflösung bewahren, daß man

sie hermetisch verschließt; das aber wäre gerade das Verderben lebendiger Organismen. Freie Luft und freies Licht ist zum Leben und Gedeihen unentbehrlich. Gilt das vom natürlichen Leben, wie viel mehr vom übernatürlichen, göttlichen Leben der Kirche.

Der Kampf für die kirchliche Freiheit ist darum ein Kampf für das Leben unserer Mutter und für das unermeßliche Gute, das ihre ungehemmte Wirksamkeit über Einzelne und ganze Völker ausgießt; es ist aber zugleich ein Kampf für die Ehre Gottes, dessen Braut nicht in unwürdiger Knechtschaft hinsiechen darf.